U0907234

湘赣边革命老区
振兴与合作发展研究

国务院发展研究中心公共管理与人力资源研究所课题组　著

图书在版编目（CIP）数据

湘赣边革命老区振兴与合作发展研究 / 国务院发展研究中心公共管理与人力资源研究所课题组著 . —北京：中国发展出版社，2020.11

ISBN 978-7-5177-1148-3

Ⅰ . ①湘… Ⅱ . ①国… Ⅲ . ①革命纪念地—区域经济发展—研究—湖南②革命纪念地—区域经济发展—研究—江西 Ⅳ . ① F127.64 ② F127.56

中国版本图书馆 CIP 数据核字（2020）第 216212 号

书　　名：湘赣边革命老区振兴与合作发展研究
著作责任者：国务院发展研究中心公共管理与人力资源研究所课题组
出 版 发 行：中国发展出版社
联 系 地 址：北京经济技术开发区荣华中路 22 号亦城财富中心 1 号楼 8 层（100176）
标 准 书 号：ISBN 978-7-5177-1148-3
经　销　者：各地新华书店
印　刷　者：北京市密东印刷有限公司
开　　本：710mm × 1000mm　1/16
印　　张：14.75
字　　数：220 千字
版　　次：2020 年 12 月第 1 版
印　　次：2020 年 12 月第 1 次印刷
定　　价：60.00 元

联 系 电 话：（010）68990630　68990692
购 书 热 线：（010）68990682　68990686
网 络 订 购：http://zgfzcbs. tmall. com
网 购 电 话：（010）88333349　68990639
本 社 网 址：http://www.develpress. com
电 子 邮 件：330165361@qq. com

湘赣边革命老区振兴与合作发展研究
课题组成员

课题负责人：

王安顺　国务院发展研究中心副主任（正部长级）、党组成员

课题专家组：

李　能　江西省人民政府副秘书长、办公厅党组成员，省政府研究室主任

侯永志　国务院发展研究中心发展战略和区域经济研究部部长、研究员

叶兴庆　国务院发展研究中心农村经济研究部部长、研究员

赖南京　江西省发展和改革委员会一级巡视员

李　兰　国务院发展研究中心公共管理与人力资源研究所副所长、研究员

王平俭　江西省人民政府研究室副主任

李学斌　湖南省发展和改革委员会二级巡视员

彭艾珍　湖南省发展和改革委员会二级巡视员、地区经济处处长

朱建军　江西省发展和改革委员会地区经济处处长

课题组组长：

李建伟　国务院发展研究中心公共管理与人力资源研究所所长、研究员

谈文胜　湖南省人民政府发展研究中心党组书记、主任

课题组副组长：

赵　峥　国务院发展研究中心公共管理与人力资源研究所综合研究室副主任、研究员

唐宇文　湖南省人民政府发展研究中心党组副书记、副主任、研究员

课题协调人：

周灵灵　国务院发展研究中心公共管理与人力资源研究所副研究员、博士

课题组成员：

彭延敏　湘西民族职业技术学院院长、中共湘西州委政策研究室主任

杨维富　国务院发展研究中心公共管理与人力资源研究所所长助理、研究员

伍振军　国务院发展研究中心农村经济研究部研究室主任、研究员

袁建四　湖南省人民政府发展研究中心区域经济研究部部长

屈莉萍　湖南省人民政府发展研究中心区域经济研究部一级调研员

孙成龙　国务院发展研究中心办公厅副处长、助理研究员

张晓路　国务院发展研究中心公共管理与人力资源研究所交流培训室副主任

王伟进　国务院发展研究中心公共管理与人力资源研究所公共管理研究室副主任、副研究员

武　红　国务院发展研究中心信息中心副研究员、博士

张　琦　中国财政科学研究院科研组织处副研究员、博士

施戍杰　国务院发展研究中心发展战略和区域经济研究部副研究员、博士

李曜坤　国务院发展研究中心公共管理与人力资源研究所副研究员、博士

钱　诚　国务院发展研究中心公共管理与人力资源研究所副研究员、博士

王炳文　国务院发展研究中心公共管理与人力资源研究所副研究员、博士

张骐严　国务院发展研究中心公共管理与人力资源研究所副研究员、博士

李　粉　中国宏观经济研究院投资研究所助理研究员、博士

陈求旺　江西省人民政府研究室宏观经济研究处一级主任科员

张清华　中共湘西州委政策研究室财经科科长

目　录

总报告

专题报告

专题一

专题二

专题三

专题四

专题五

专题六

专题七

区域一体化发展理论与经验

总报告

构建区域协调发展新机制
推进湘赣边革命老区振兴与合作发展

习近平总书记多次强调“加快老区发展，使老区人民共享改革发展成果，是我们永远不能忘记的历史责任，是我们党的庄严承诺”。中共十九届五中全会提出“优化国土空间布局，推进区域协调发展和新型城镇化”“支持革命老区、民族地区加快发展”。为更好贯彻落实习近平总书记重要讲话精神和中共中央决策部署，本书对湘赣边革命老区振兴与合作发展问题进行了系统调查研究。研究发现，尽管湘赣边革命老区发展面貌有了极大改善，但与周边地区的差距仍然较大、发展不平衡不协调问题突出，老区内加强合作发展的呼声很高，亟待从国家层面予以重视，进一步加大政策支持力度。

一、加大对湘赣边革命老区振兴与合作发展的支持力度具有重要战略意义

（一）湘赣边革命老区在中国革命史上具有特殊重要的地位，推动湘赣边振兴发展是践行中国共产党庄严承诺的重要体现

湘赣边革命老区（为便于表述，本书简称湘赣边区或湘赣边）包括湖南平江、浏阳、醴陵、茶陵、炎陵、攸县、桂东、汝城、安仁、

宜章等10个县（市、区），江西井冈山、永新、遂川、莲花、上栗、芦溪、铜鼓、万载、修水、上犹、崇义、湘东、安源和袁州等14个县（市、区），合计24个县（市、区），总面积5.05万平方公里，人口1365万人。历史上著名的秋收起义、湘南起义、平江起义、三湾改编，以及第一支工农革命军、第一面工农革命军军旗、第一个省级苏维埃政权、第一个工农兵政府，都在这片热土诞生和建立。它是中国革命的重要策源地、中国人民军队的重要建军地，在中国革命史上具有特殊重要的地位。湘赣边区人民创造了中国革命史上的多个“第一”，为中国革命作出了重要贡献和巨大牺牲。据统计，从湘赣边革命老区走出了180多位开国将军，在革命战争中牺牲的烈士多达30万人。湘赣边24个县（市、区）中，有18个属于一类老区，6个属于二类老区。

由于战争创伤的长期影响以及自然地理、基础设施、经济条件等多方面因素制约，加上政策扶持偏弱，至今湘赣边经济社会发展仍然滞后，与临近区域的差距还比较大，全面建成小康社会的任务艰巨，发展不平衡不充分特征较为明显。湘赣边24个县（市、区）中有17个县（市、区）的人均地区生产总值低于所在省份平均水平，经济体量总体偏小，安仁、炎陵、汝城、桂东、崇义、井冈山、上犹、莲花、铜鼓等9个县（市、区）的地区生产总值还不到100亿元。24个县（市、区）中有一半是原国家级贫困县，虽大部分已摘帽，但仍需后续帮扶，改善民生的压力依然很大。区域基础设施质量不高，高铁在整个区域铁路运营网中只占24.7%，除醴陵、袁州等少数县（市、区）外，其余20多个县（市、区）还没通高铁，甚至还有铁路空白，高速公路在区域公路网中的占比仅为2.1%。推动湘赣边革命老区振兴发展，既是打赢精准脱贫攻坚战、实现区域协调发展的应有之义，也是深入践行“不忘初心、牢记使命”的具体体现，更是实现“两个一百年”奋斗目标的基本要求。

（二）推动湘赣边振兴与合作发展是构建区域协调发展新机制、完善我国区域经济发展新格局的重要举措

从地理空间看，湘赣边革命老区具有“连东接西”的战略区位优势。从国家层面加大支持力度，推动湘赣边革命老区振兴与合作发展，鼓励地方探索新时期跨区域合作新机制新模式，将有利于更好地发挥湘赣边区域战略腹地效应和区域比较优势，缩小区域发展差距，形成区域协调联动发展格局。同时，湘赣边革命老区也是建设我国南方地区重要生态屏障的重要连接载体，进一步提升合作层次、深化合作发展力度，也有利于提升我国南方地区的资源环境承载能力，有助于提高区域生态文明水平、增强区域绿色发展能力，为区域经济平稳健康可持续发展提供基本的资源环境支撑。

（三）湘赣边革命老区合作发展积极性高、合作基础良好，亟须国家层面的高层次组织协调机制和扶持政策

近年来，湘赣边 24 个县（市、区）主动打破“一亩三分地”思维定式，围绕区域协调发展进行积极探索并取得一些成效，区域发展的整体性和协同性有所增强。省级层面，湖南、江西两省先后签署了《进一步推动赣湘合作框架协议》《共建赣湘开放合作试验区战略合作框架协议》《湘赣边区域合作示范区建设现代农业协同发展框架协议》等合作文件。县（市、区）层面，宜春与长沙签署了《长沙市与宜春市战略合作框架协议》《赣湘边区经贸合作产业园合作协议》；袁州与浏阳签署了《长沙市浏阳市与宜春市袁州区战略合作框架协议》；萍乡与株洲、长沙签署《赣湘开放合作试验区战略合作框架协议》。湘赣边县（市、区）还采取轮值制，连续召开了 5 次湘赣边合作会议。调研中发现，湘赣边各地政府和企业对进一步加强区域合作发展意愿

强烈，合作发展的空间与潜力也很大。但总体而言，由于缺乏国家层面的高层次组织协调机制和扶持政策以及具体协调机构，目前湘赣边区域的合作成效有限，亟待从国家层面破解这一困境、推动老区振兴发展。

二、湘赣边革命老区振兴与合作发展面临的关键挑战

发展不平衡不充分是湘赣边革命老区振兴与合作发展面临的根本性挑战，区域内的趋同过程还任重道远。而且行政区划在一定程度上限制、割裂了边区社会经济的内在联系，行政壁垒制约了边区生产要素合理流动及有效配置。

（一）经济发展和城镇化水平偏低，区域内部分化明显

湘赣边革命老区有 17 个县（市、区）的人均 GDP 低于本省平均水平，经济体量总体偏小，安仁、汝城、桂东、井冈山、莲花等 9 个县（市、区）的地区生产总值还不到 100 亿元。湘赣边区经济实力最强的浏阳市的地区生产总值是最弱的桂东县的 36 倍，区域内发展差异大。目前，边区只有浏阳、醴陵、安源、湘东等 7 个县（市、区）的城镇化率高于本省平均水平，部分县（市、区）的城镇化率甚至还在 45% 以下。

（二）人口持续外流，科技力量薄弱、专业人才匮乏

由于经济基础薄弱，生活条件相对艰苦，外出务工成了当地人谋求生存发展的优先选项。整个区域除安源、炎陵等少数区县，大部分县（市、区）的人口都处于净流出状态。2018 年攸县、修水、平江的

外流人口超过 10 万人，湘赣边区 24 个县（市、区）外流人口规模约达 80 万人。人口外流加剧了湘赣边区人才和劳动力的紧缺程度，人才队伍建设普遍面临“找不到、招不来、留不住、年龄结构老化、整体素质不高”等突出问题。同时，研发、管理、金融等技术技能人才匮乏不仅阻碍了企业技术改造和创新能力提升，也导致医疗、教育、就业等基本公共服务长期不足甚至缺位，制约了老区的振兴与合作发展。科技投入偏低、科技服务力量薄弱、成果转化机制不畅等因素也在一定程度上影响了区域创新环境和产业转型升级。

（三）工业化进程差异大，新兴产业少，转型压力凸显

湘赣边区 24 个县（市、区）大都是传统农业大县，且处于不同的工业化阶段，浏阳、醴陵、安源、湘东等少数区县已处于工业化后期，大部分区县尚处于工业化中期或者刚进入工业化中期。目前，湘赣边区整体工业结构仍以资源和劳动密集型为主，比如有色金属、陶瓷、建材、烟花爆竹等，产品科技含量和附加值不高，产业链条过短、配套不完善，抗风险能力较弱，容易受市场和环保政策等因素影响，经济转型升级压力大。尽管电子信息、生物医药、新材料等新兴产业是着力培育的经济增长点，但规模还比较小，竞争力有待提升。

（四）市场分割、同质竞争依然严重，集聚效应不高

湘赣边区 24 个县（市、区）都有工业园区，有些规模还比较大，但地区、园区、企业之间缺乏有效的沟通协作，布局分散、专业化分工程度低、产业同构现象严重，尤其缺乏以龙头企业为核心、配套企业为支撑的产业链和产业集群，单位面积产值较低、集聚效应不明显，制约了区域竞争力的提高。

（五）湘赣边区域协调发展体制机制有待优化提升

目前，推动湘赣边革命老区协调发展还仅限于湖南、江西两省的省级层面，缺乏国家层面的指导和政策支持，缺乏常设的工作推进机构以及工作考核和约束问责机制，主要是依靠框架协议来维持，制度化程度偏低、合作较为松散。而且区域投入机制和利益分享机制尚未有效建立，区域合作利益诉求多元化，地区间的利益藩篱和政策壁垒依然存在，部分合作事项推进较为缓慢，资源配置效率偏低。

三、湘赣边区六大共建领域协同发展存在的主要问题

近年来，湖南、江西两省把协同推进脱贫攻坚和乡村振兴作为战略合作重点，在推动交通互联互通、产业协同振兴、资源服务共享、生态环境保护、红色文化传承等领域开展了卓有成效的合作，迈出了区域协调发展的探索步伐。从湘赣两省边区六大共建领域协同发展的情况看，各领域协同发展的基础参差不齐、利益诉求多元、合作程度差异大，亟待加强顶层设计、调整优化体制机制。

（一）基础设施互联互通存在的主要问题

1. 基础设施规划的统一性不足。湘赣两省初步建立了交通运输发展共商合作机制，但缺少重大项目推进保障和监督奖惩机制，导致约束力和权威性不足。由于区域基础设施建设缺乏统一思路、统一目标、统一标准、统一进度，导致区域内湘赣两省跨界公路打通“最后一公里”的难题依然存在，信息基础设施发展不均衡，能源基础设施重复建设，水利基础设施连通性较差。同时，交通规划仍然缺乏更大尺度的空间统筹，缺乏对接国家重要区域发展战略的规划安排，缺少与长江三角

洲、粤港澳大湾区等区域互联互通的重大基础设施布局。

2. 基础设施建设的系统性不足。湘赣边区基础设施历史欠账较严重，一体化交通基础设施体系尚未建立。区域基础设施总量不足，目前，区域铁路运营里程仅为975公里、民用机场2座，没有完全联通的水运航线。区域交通基础设施空间分布呈现“北密南疏，西强东弱”的不平衡分布格局。区域基础设施整体质量不高，高铁在整个区域铁路运营网络中只占24.7%，除醴陵、袁州等少数区县外，其余20多个县（市、区）还没通高铁，甚至还有铁路空白。高速公路在区域公路网络中占比仅为2.1%，两省之间对接的国道、省道等级不同步，交界地带还存在不少“断头路”。信息基础设施“数字鸿沟”明显，能源和水利基础设施老旧。适应节约土地要求的工程技术和生态型污水处理技术应用不足，导致基础设施建设受外部环境约束变得严峻。

3. 基础设施运营管理协调性不足。湘赣边区域基础设施建设运营资金单一，缺乏创新金融产品和业务，未能充分吸纳社会和民间资本，缺少统一的跨区域的基础设施运营载体以及一体化的市场化项目融资机制，基础设施管理的标准化、信息化、精细化水平还比较低。

（二）合力推进乡村振兴存在的主要问题

1. 湘赣边区乡村振兴处于起步阶段，农业产业结构不合理，农村产业融合发展程度低。农产品供过于求和供给不足并存，农村一、二、三产业融合发展占产业化经营比重和二次深加工率较低，规模化耕种水平不高，农业竞争力不强，抵御自然灾害和市场风险能力较低。

2. 乡村内生发展动力不足，农村集体经济比较薄弱。一是湘赣边革命老区农村人口老龄化、村庄“空心化”现象较为严重，生产经营性人才缺乏。二是边区农村缺乏土地开发利用的主体、工商资本下乡的对接平台以及农民持续增收的有效渠道。三是农户大多处于分散生产经营状态，管理粗放，规模小效益低，缺乏特色，市场竞争力不强。

3. 财政投入能力有限，农村资金外流严重。一是湘赣边革命老区自身财力总量不足，民生保障和刚性支出压力大，政府投资增长乏力。二是城乡金融资本缺乏有效的双向流动机制支撑，信贷资金投入农业领域面临抵押难题，“钱从哪里来”的问题并没有得到破解。

4. 乡村治理力量薄弱，基层基础工作还需加强。村级领导班子成员年龄偏大、文化程度低、带动能力偏弱、后备力量不足，乡村治理体系不够完善。而且，湘赣边区城乡基础设施、基本公共服务和收入水平差距较大，城乡融合发展的体制机制不健全。乡村防洪减灾能力、农田灌溉的保障能力还比较薄弱，乡村生态支撑能力有待加强。

（三）促进产业协同发展存在的主要问题

1. 产业协同发展能力有待提升。湘赣边区产业链上下游延伸不够，产品附加值不高，研发投入不足，技术创新能力弱，产业竞争力不强等问题仍很突出。边区主导产业和新兴产业布局分散，集中度低，垂直一体化和横向一体化还有较大空间。电子信息、新材料、生物医药、机械制造等新兴产业集聚特征不明显。边区经济结构中还存在产业同质化和雷同度高、重复建设和无序竞争多、合作共赢意识不强等问题。

2. 产业要素支撑能力不强。主要表现在产业基础设施配套能力不足，资金、人才、技术等关键要素支撑仍然不到位，融资难、融资贵、用地难、人才缺等问题没有很好地解决，在发展“飞地经济”过程中面临着建设用地指标等政策障碍，招商引资受到土地供应和“人才洼地”约束。

3. 产业协同发展机制不健全。仅靠湘赣两省联席会议制度和框架式协议不能解决突出问题，尤其对于一些重大项目，利益趋同则合作深入，利益相悖则合作迟缓，缺少能落地的实招。目前，湘赣边区产业合作大都停留在市县层面，在产业规划、基础设施建设及资源共享互通方面，缺乏国家层面的顶层设计和明确的政策支持，导致地区间、部门间及企业间协同力度不够，产业要素整合效果不明显，通过更大范围开放和区域融合实现产业协同的机制有待完善。

（四）共同传承红色文化存在的主要问题

1. 保护发掘还需深入。一是中共党史研究方式方法有待优化。中共党史研究部门人才资源有限，中共党史研究缺乏科学谋划布局，以科学理性的分析解决现实问题能力有待加强。二是红色资源收集整理有待加强。部分地方政府和部门保护革命遗址、抢救“活资料”的责任感、紧迫感不强，革命遗址因年久失修而损毁或因城市建设被拆除等现象较为严重，抢救遗址文物、征集整理口述史料迫在眉睫。三是对井冈山精神、苏区精神、长征精神等旗帜性、代表性精神成果的理论内涵、新时代价值挖掘提炼不够全面，以史鉴今、资政育人的效果需加强。

2. 产品开发还需完善。一是产业化水平有待提升、新业态发展还需加快。边区对包括红色文化资源在内的综合资源开发利用的层次较低、创新不足，区域特色产业“共享共融共建”力度不足、程度不深，红色文化旅游新业态发展速度不快、规模不大、品目不多。二是优势转化受到制约。湘赣边区大多县（市、区）没有通高铁，边区农村公路网不完善，红色文化优势转化成经济优势受到制约。生态环境整治效果还未完全彰显，也在一定程度上限制了红色资源的优势转化。

3. 协同发力有待加强。湘赣边区红色资源利用的一体化可行方案还未出台，部分合作措施还只停留在框架上，未能落地落实。减税降费、生态补偿、土地供给、产业协作、人才培养、公共服务等政策融通不够，造成区际政策落差甚至壁垒，影响了边区文化产业协同发展，阻碍了品牌一体化创建、市场一体化拓展、产品一体化研修。

（五）共建生态文明示范区存在的主要问题

1. 生态规划还缺乏前瞻性。一是顶层设计层面缺乏统领性规划，大都是相对零散的区域规划和专项规划。二是多规合一层面规划不够完备，国家与地方规划的融合不够充分。

2. 生态系统健康状况不容乐观。主要原因在于自然资源资产产权制度尚未建立，需要做大量的前期工作进行深入全面的摸底，且生态产品价值科学评价体系不够健全。

3. 生态环境污染问题时有发生。目前的监测设备相对落后，其监测水平和质量无法匹配复杂的形势。而且，对于已经受损的对象，包括污染的水体、退化的草地等，生态修复的落实还未到位。

4. 绿色经济体系框架不够完整。一是绿色产业体系不够完整，缺乏相对成熟的市场交易模式。二是生态产品价值实现途径不够明确，更多的产品价值模式有待挖掘。

5. 生态补偿各要素尚未理顺。生态补偿理念较为滞后，生态补偿尚未成为有力抓手，对保护资源和环境没有起到实质性作用，无力应对目前的复杂情况。

（六）协同保障和改善民生存在的主要问题

1. 民生领域经费保障不足。湘赣边区 24 县（市、区）2018 年的教育财政人均支出 1408.43 元，明显低于湖南人均 1724.10 元和江西人均 2263.77 元。医疗卫生经费支出方面，24 县（市、区）2018 年人均支出 912.19 元，低于湖南和江西人均水平。社会保障与就业领域也同样存在财政投入不足的现象，边区 24 县（市、区）2018 年人均支出 1196.51 元，低于两省人均水平 400 多元。

2. 教育、医疗等优质资源分布不均。湘赣边区医疗卫生和教育资源总体不足且优质资源短缺，每千人口床位数、卫生技术人员数等主要指标达不到省内平均水平，优质教育和医疗卫生资源主要集聚在城镇，乡村基本公共服务不平衡不充分问题甚为突出。例如，江西省部分革命老区的师资力量更为薄弱且存在专业、性别结构不合理现象，难以满足当地义务教育的基本需求。

3. 民生领域的跨区域合作还处于起步阶段。对于一些具体的民生问题，湘赣两省也开展了区域合作的积极探索，但主要依靠框架协议进行管理，普遍存在制度化程度偏低、约束力较弱、利益诉求难以协调等问题，往往各自为政，合作流于形式。以警务合作为例，由于省级层面缺乏协同、信息沟通共享滞后、制度保障和奖惩约束机制不健全，联防联治工作在一定程度上存在“合作松散、效率不高”等问题。

四、湘赣边区振兴与合作发展的基本原则和主要目标

（一）湘赣边革命老区振兴与合作发展的基本原则

坚持市场主导与政府引导相结合。充分发挥市场机制在资源配置中的决定性作用，维护全国统一市场的公平竞争，加大革命老区开放力度，防止地方保护主义。更好地发挥政府的引导作用，突出抓好发展规划，制定差别化政策，推动各类资源要素向革命老区集聚，实现经济高质量发展。

坚持保护优先与合理开发相结合。按照可持续发展要求，突出抓

好湘赣边革命老区生态、红色文化等资源的保护修复工作，并立足优势资源，转变经济发展方式，按照高起点规划、高标准建设、高质量管理，有序推进革命老区新型工业化、新型城镇化和农业现代化。

坚持问题导向与目标激励相结合。按照振兴与合作发展要求，瞄准湘赣边革命老区区域协调发展的目标任务，着眼长远、打牢发展基础，立足当前、解决突出问题，协同推进脱贫攻坚和乡村振兴战略，推动工作责任、政策措施落地落实，促进革命老区经济社会持续健康发展。

坚持整体推进与特色发展相结合。加大湘赣边革命老区优势资源的整合优化，推动绿色、古色、红色“三色”融合，实现革命老区发展的协同性、联动性和整体性，同时立足老区各地实际，按照山区特点、老区特色、时代特征要求，实现个性化、差异化发展，避免同质化竞争。

坚持立足区内与面向区外相结合。湘赣边革命老区振兴与合作发展不仅应着眼区域内合作，还应加强区域间的交流合作。尤其是要积极对接粤港澳大湾区的交通、物流、产业、科技、旅游、康养和公共服务，统筹谋划、取长补短，形成开放发展的湘赣边区合作共赢格局。

（二）湘赣边革命老区振兴与合作发展的主要目标

湘赣边革命老区振兴与合作发展力争用 10 年左右时间、分两阶段实现经济社会的全面赶超和区域增长极的打造。

第一阶段（2021 ~ 2025 年），主要任务是补齐湘赣边革命老区基础设施、产业发展、公共服务和创新能力等方面的短板，主要经济社会指标赶上湖南、江西和全国平均水平，并居于全国革命老区前列，综合经济实力显著增强。这一阶段须加快体制机制建设，加快“湘赣边革命老区振兴与合作发展试验区”相关规划的制定实施，合力推进乡村振兴、促进产业协同发展、共同传承红色文化、共建生态文明、加快基础设施互联互通、共同保障和改善民生等工作。

第二阶段（2026 ~ 2030 年），主要任务是在实现赶超的基础上打造区域增长极，充分发挥湘赣边区“连东接西”的独特优势，形成主体功能明显、优势互补、高质量发展的区域经济格局。这一阶段将达到如下具体目标：湘赣边革命老区合作发展体制机制趋于成熟，成为区域协调发展的样板；基础设施体系趋于完善，现代综合交通运输体系和能源保障体系基本形成；特色优势产业集群基本形成，以红色文化旅游业为主导的现代产业体系基本建立；新型城镇化进程明显加快，城乡结构进一步优化，中心城市集聚和带动能力不断提升；生态建设和环境保护取得显著成效，单位生产总值能耗及污染物排放量进一步降低；基本实现城乡基本公共服务均等化，义务教育、基本医疗和住房安全等社会保障服务能力全面提高；科技创新驱动能力得到增强，科技人才队伍进一步壮大，产学研深入结合，科研成果产业化水平不断提高；区域发展步入一体化协调发展轨道，社会大局和谐稳定。

五、湘赣边革命老区振兴与合作发展的实现机制

（一）建立发展保障机制，将湘赣边革命老区振兴与合作发展上升为国家战略，纳入国家“十四五”等重要规划

相较于罗霄山片区区域发展与扶贫攻坚、赣南等原中央苏区振兴发展上升到国家层面的协调推进机制，湘赣边革命老区振兴与合作发展受现行制度和行政体制束缚较多。很有必要将湘赣边革命老区振兴与合作发展上升为国家战略，纳入国家“十四五”等重要规划，强化国家层面的统筹协调和政策支持力度。在组织编制交通、能源、水利、

生态环保、乡村振兴和基本公共服务等专项规划时统筹考虑革命老区的需求并优先支持。

（二）强化政策扶持机制，在转移支付、政策性信贷、对口支援和税收支持等领域加大差别化政策力度

加大对湘赣边革命老区差别化政策支持力度。允许相关县（市、区）享受赣南等原中央苏区振兴发展政策，赣南等原中央苏区振兴发展政策2020年到期后，实行既有优惠政策顺延并在湘赣边革命老区全覆盖。在中央财政转移支付、政策性银行信贷和税收支持等方面给予倾斜，相应降低地方财政配套比例，支持湘赣边革命老区设立发展基金，提高财力保障水平。建议中央财政专项安排财力性补助资金，支持湘赣边革命老区补齐民生短板，提高基本公共服务能力。建立跨省流域横向生态保护补偿机制，在用地总规模、新增建设用地指标上对湘赣边革命老区予以倾斜。建立中央国家机关对口支援湘赣边革命老区的体制机制，加强人才、技术、产业、项目等多方面的对口支援，鼓励社会力量积极参与对口支援，推进湘赣边革命老区与发达地区干部挂职交流和系统培训。

（三）强化沟通协调机制，设立国家和省级层面的湘赣边革命老区振兴与合作发展组织协调机构

建立常态化的交流平台和高效化的协调机制，国家层面可以考虑由国家发展改革委牵头，设立“湘赣边革命老区振兴与合作发展领导小组”，成员由相关部委和湖南、江西人民政府组成。充分利用中部论坛、中博会、泛珠合作等平台，加大发展规划、改革联动、协同创新、设施互通、服务共享、市场开放等方面的对接力度，着力在重大交通

基础设施互通、重大战略资源统筹、优质公共服务资源共享等方面取得实质性突破。深化省、市、县（区）三级层面联席会议制度，建立定期协调工作机制，协调解决各地合作发展过程中的问题，加强行业、企业和院校间的往来，推动湘赣边区合作联动发展。

（四）推进战略统筹机制，积极对接国家重大发展战略

积极对接国家“一带一路”建设、长江经济带发展等重大战略，以共抓大保护、不搞大开发为导向，以生态优先、绿色发展为引领，推行湘赣边革命老区战略统筹机制，加强在发展方向、发展思路、发展路径和重点项目等方面的有效衔接，科学编制经济发展、城市建设、生态保护和社会治理等专项规划。改革和创新政策调控机制，突破政策不一、同质化竞争等政策壁垒，提升各地在产业项目布局、土地使用指标分配、基础设施建设、生态环保等方面的统筹和协同力度，打造优势互补、协调联动、错位发展的区域发展共同体。

（五）深化区域合作和考评机制，建立“决策—推进—落实—评估”的多层次机制，防范纠正短期化行为

加强在产业共融、平台共筑、基础设施共建、环保联防联控、市场共享等领域的合作，加快补齐基础设施、公共服务、生态环境、产业发展等短板。完善市场一体化发展机制，发挥各地区比较优势，促进资源要素合理流动和高效集聚，增强创新发展动力。优化区域互助机制，充分发挥承接产业转移示范区、扶贫协作、国家部委对口帮扶等资源优势，加强与长三角城市群、粤港澳大湾区、长江中游城市群中心城市对接合作，组建跨地区跨行业产业、技术、创新、人才等合作平台，形成全社会支持和参与的合作格局。立足边区建设现代化经

济体系的远景目标，建立“决策—推进—落实—评估”的多层次机制，注意防范纠正短期化倾向和行为。

六、湘赣边革命老区振兴与合作发展的具体路径

借鉴国内外跨区域合作的实践经验，结合湘赣边革命老区实际情况，湘赣边革命老区振兴与合作发展可从基础设施互联互通、乡村振兴、产业发展、传承红色文化、共建生态文明、协同保障和改善民生等六大领域破题。

（一）加快基础设施互联互通

1. 加强基础设施的统一规划。建立区域基础设施统一规划管理的决策机制、保障机制和监督机制。区域基础设施统一规划要统筹国家和区域规划、内部和外部需求，立足于内联外通，着眼于长株潭城市群、大南昌都市圈协同和长江三角洲、粤港澳大湾区、武汉城市圈、成渝城市群的联动。要围绕湘赣边区“一心三带”和“两区四圈”的空间布局和功能定位，优化区域基础设施的一体化布局。

2. 系统推进湘赣边区基础设施网络建设。统筹交通规划与建设，优化交通存量资源配置，扩大优质交通增量资源供给，加快建成多中心、网络化形态的区域一体化现代交通系统，增强系统弹性，形成布局合理、衔接紧密、立体互联、绿色经济的综合交通运输体系。

（1）加快推进区域内高铁建设和既有铁路扩能改造，统筹湘赣边区城际铁路项目，促进湘赣边区与长株潭城市群、大南昌都市圈城际铁路对接。建设武宜深高铁（咸宜吉段），该高铁途经修水、铜鼓、万载、袁州等湘赣边革命老区多个区县，有利于完善老区路网功能、

带动沿线经济社会发展。将长赣铁路、长赣铁路井冈山至吉安联络线、衡茶吉铁路升级改造、分文铁路改造、咸宜吉铁路等项目建设纳入规划。酌情考虑修建长沙—平江—修水—武宁—九江铁路，以及咸宁—通城—修水—铜鼓—宜春铁路。

（2）推动区域内沪昆高速公路复线、昌栗高速西延、邵吉高速等高速公路、国省干线及县乡道路连通对接，将吉安—安福—萍乡—邵阳高速公路、宜井遂高速公路、遂桂高速公路、莲花至永新高速公路、沪昆高速公路昌傅—金鱼石（湘赣界）段改扩建工程等项目建设纳入规划，形成内外快速通达的公路网络，提高高速公路覆盖密度，加快国省干线升级改造。加大对农村公路、通城—修水—铜鼓高速公路资金补助力度。探索建设湘赣省级无收费快速大通道。

（3）加快湘赣边区民用通用机场的建设步伐。将永新、井冈山、遂川、万安等县（市、区）通用航空机场（起降点）项目纳入规划。尽快建成永新、修水、茶陵、桂东等民用通用机场，形成区域机场群，巩固长沙黄花国际机场区域性航空枢纽地位，扩建升级井冈山机场、宜春明月山机场，提升航空运输能力，促进湘赣边区通用航空方面的合作。

（4）加大对湘赣边革命老区水利事业的投入，建议国家在项目、资金、政策上予以倾斜支持。湘赣边区水利基础设施相对薄弱，仍处于补短板、破瓶颈、促发展的阶段，水利基础设施建设任务艰巨而繁重。水利建设资金主要来源于国家与省财政资金扶持，省级以下财政投入不足，社会融资和群众办水利的渠道较单一，难以满足水利改革发展需要。建议国家对湘赣边区中型水库建设项目按照西南五省中央补助政策给予扶持并适当提高补助比例，允许各地以“先建后补”的方式先行开展建设，鼓励预先谋划、超前实施。利用区域水网密布的先天优势，打通水运航道联通节点，尽快启动渌水（萍水）航道的研究论证，形成水运网络。

（5）紧盯未来交通发展趋势，推动大数据、互联网、人工智能、超级计算等新技术与区域交通网络的深度融合，构建先进的未来交通体系。加快推进新一代信息基础设施建设，争取实现与先进发达地区5G网络同步上线，建成“5G网上的湘赣边区”。协同推进能源基础设施建设，将湘赣边区打造成两省能源生产和消费保障基地。统筹水利基础设施建设，共同保护水生态环境。

3. 提高基础设施的一体化运营管理水平。建立基础设施法律法规体系，把区域基础设施的规划管理纳入法治化轨道。建立多元化的基础设施投融资体制，吸引利用民间资本，成立湘赣边区基础设施投资基金，支持区域重大基础设施建设。组建跨区域基础设施运营载体，探索成立湘赣边区城际铁路集团、湘赣边区公路集团、湘赣边区机场集团等，在基础设施资源整合、结构调整、效率提升等方面发挥协同效应。

（二）合力推进乡村振兴

1. 加强对湘赣边革命老区农业农村协同发展的领导。建议农业农村部、财政部支持湘赣边革命老区现代农业产业振兴，将湘赣边区革命老区县（市、区）纳入国家绿色循环优质高效农业促进项目、产业强镇建设项目范围，加大支持力度。建议由农业农村部牵头，国家发展改革委等相关国家部委以及湖南省、江西省参与，定期召开部省联席会议，协调解决推进农业农村现代化建设中的重大问题。探索建立湘赣两省农业农村领域领导干部挂职锻炼与定期交流制度。

2. 着力构建完善财政支持湘赣边革命老区乡村振兴战略的政策体系和体制机制。加大中央财政对湘赣边区乡村振兴发展的财力补助，将中央财政一般性转移支付收入纳入地方政府财政承受能力计算范畴，提高地方政府筹资能力。在重大项目规划布局、审核批准、资金安排等方面对湘赣边区给予倾斜。对湘赣边区改扩建、新建高速公路、国省道公路升级改造给予用地、林地指标支持。重点支持湘赣边区在乡村特色产业、现代农业产业园建设、农产品加工业、休闲农业、高标准农田建设、人居环境整治等方面取得实效。建议将永新、井冈山、遂川等湘赣边区县（市、区）农村人居环境整治整县推进工程列入国家政策支持范围并给予资金支持，将罗霄山片区脱贫攻坚巩固提升纳入规划，继续予以政策支持。

3. 支持湘赣边革命老区创建“全国革命老区乡村振兴示范区”。突出产业、人才、文化、生态、组织等乡村振兴五大领域工作重点。在产业振兴领域以推进传统农业转型升级为抓手，依托现代科技支撑加快推进一、二、三产业融合发展，着力提升产业融合度与产品附加值。在人才振兴领域培养造就优秀农村干部队伍和农村致富带头人队伍，塑造善于创业创新的“新农人”。在生态振兴领域大力推进乡村生态文明建设，全力改善农村生态环境，提升乡村生态治理水平。在组织振兴领域重点抓好基层党组织建设，探索构建自治、法治、德治“三治合一”的乡村治理体系，探索乡村“共建、共治、共享”新模式，加快构建整体协同的高质量乡村振兴体系。

4. 构建湘赣边革命老区乡村振兴监测评价指标体系。根据高质量发展总体要求，建立湘赣边革命老区乡村振兴评价指标体系。产业兴旺方面，重点评测农业劳动生产率、粮食综合生产能力、农业科技进步贡献率、农产品加工产值与农业总产值比等指标；生态宜居方面，重点评测村庄规划管理覆盖率、农村卫生厕所普及率、畜禽污染综合利用率、生活污水排放达标的村占比等指标；乡风文明方面，重点评测村级综合文化中心覆盖率、县级及以上文明村镇占比、义务教育专任教师学历等指标；治理有效方面，重点评测农村社会安全指数、基层组织建设、基本医疗及养老保险参保率等指标；生活富裕方面，重点评测农村居民人均可支配收入、农村居民恩格尔系数、城乡居民收入差距等指标。

5. 允许湘赣边革命老区进行全面深化农村改革集成创新试验。一是深化农村土地制度改革，稳步推进农村承包地和农村宅基地“三权分置”改革、探索建立集体经营性建设用地入市制度，建立健全农村承包地登记制度，推进农村土地纠纷仲裁体系建设。二是加快集体产权制度改革，建立新型农村集体经济有效运行机制，壮大集体经济。三是统筹推进供销合作社综合改革、农业水价综合改革、集体林权制度改革、国有林场改革、生态产品价值实现形式改革等重点工作，提升湘赣边地区乡村整体发展实力。

（三）促进产业协同发展

1. 做强优势特色产业，提升区域产业竞争力。一是大力发展旅游产业。跳出区域谋发展，将衡山、井冈山、武功山三山旅游合作开发与共建纳入规划，建立省际旅游联盟，包装谋划一批合作项目，共促共赢。一是突出红色资源丰富的比较优势，以创建全国红色文化示范区为定位，打造“红色、绿色、古色”和工业旅游产业链。以罗霄山片区为开发重点，打造一批精品旅游线路。以红色革命文化、花炮文化、炎帝神农文化、客家文化为开发重点，加大宣传力度，统一文化品牌。二是创新发展烟花鞭炮产业。提升改造现代烟花鞭炮产业，由加工制造向花炮文化产业转型。以浏阳、醴陵、上栗、万载烟花鞭炮产业为基础，制定行业标准，规范产业秩序，促进良性竞争，实现共同发展。

三是升级改造陶瓷玻璃产业。保持当前陶瓷、玻璃规模化生产优势，延长产业链条，加大技术和工艺创新力度，开发艺术、环保、功能陶瓷，发展太阳能、绿色建材、汽车及特种玻璃，提升品牌知名度，提高产品附加值。四是提升冶金材料创新水平。引进新技术、开发新产品、提高零部件配套能力，加快发展装配式建筑材料、高端玻璃、云母制品。五是发展大健康产业和绿色经济。加快开发融休闲养老、健康养护、度假休闲为一体的健康服务产业，支持农林废弃物、尾矿等大宗固体废弃物回收综合利用，大力发展“零甲醛”生态板材、生物质发电、生物有机肥、装配式建筑材料等绿色低碳产业。六是培育电子信息产业。以群显科技、蓝思科技、豪恩声学、国声声学、蓝海芯科技等企业为重点，加快发展超级计算机、新型显示、集成电路、应用电子、智能家电等。七是提升生物医药产业竞争力。建设优质药材种植加工基地和野生中药材保护基地，合作建立中医药研究中心与联合实验室，支持安仁、桂东、汝城、宜章、炎陵、茶陵、上犹、崇义、井冈山、袁州、铜鼓、平江等县（市、区）联合创建湘赣边中药材特色产业园，共同建设区域性中药材专业集散市场和中药材冷链物流运输体系。八是加快高端装备制造业发展。以四方集团、北汽集团、南车时代电动株齿、江特集团等企业为重点，加快发展新能源汽车及汽车零部件制造，形成较为完整的汽车和工程机械配件、零部件产业链。九是发展现代农产品产业。改造大米、黄桃、油菜、油茶、茶叶、食用菌、蔬果、竹木、中药材、家禽、水产等农产品营销模式，运用现代冷链和物流技术，提高农产品附加值。十是推进现代物流业协同发展。统筹规划区域内物流节点，构建以浏阳、醴陵、湘东、上栗、茶陵等县（市、区）为枢纽的现代物流体系，建立区域性综合商贸物流中心、物流服务平台和现代物流枢纽。

2. 强化产业要素支撑，夯实产业协同基础。积极吸引各类投资，加强产业配套基础设施建设。加大对示范区信贷支持力度，支持示范区设立区域合作发展基金，探索建立示范区市场化融资机制。对重大项目优先列入省重点项目，争取中央预算内投资、产业基金和PPP模式的支持。取消或减少公益性项目的地方财政配套，健全基础设施，建设融资机制，积极吸引各类社会投资，缓解地方财政资金不足，加强对革命老区高铁、高速公路及机场等基础设施的投入。推动湘赣边革命老区人力资源市场一体化，建立区域发展人才联盟，完善社保转移接续机制，实现人才评价互通互认和人才有序流动。以“飞地经济”突破产业园区开发土地瓶颈，加快引进一批新项目，打破行政区划界限，争取国家土地资源政策，鼓励引导合作项目落户湘赣产业园，提升土地利用效益和盘活用地指标。打造宜春市赣湘边区经贸合作产业园、创建锦源新区，建设浏阳—上栗—万载—袁州产业合作经济圈，规划建设“浏阳—上栗—万载共建区”，依托湘东区、醴陵市已有园区建设“醴陵—湘东共建区”。

3. 健全产业协同工作机制，积极“南下”“东进”。建立健全湘赣边区产业发展协同领导机构，探索成立湘赣开放合作试验区管理委员会和合作开发投资公司，加快产业园区市场化运营。立足省、市、县全方位合作思路，分项目、工程和活动，将产业协同落到实处。建立产业互补、项目共建、利益共享和成本分担机制，对于湘赣边区内跨地域间转移的重要产业和收益项目，按照未来收益分享的估算确定收益分配和投入成本。建立智慧监测评估机制，利用互联网、大数据、人工智能等新一代信息技术，建立湘赣边产业发展监测平台，实时动态监测湘赣边重点产业、产业人才合作交流等情况，为区域产业协同发展提供精准性、科学性和有效性的决策支撑。充分利用湖南、江西两省的区位优势，积极“南下”“东进”，主动构建与粤港澳大湾区、长三角的产业协同机制，构建产业共同体，推动产业梯度转移承接。

（四）共同传承红色文化

1. 实施资政育人工程，推动血脉永续。坚持红色文化与政治建设相结合，发掘提炼区域内红色文化政治忠诚基因的典型事例、精神内核。坚持红色文化与宣传思想工作相结合，推出一批叫得响、传得开的红色文艺作品，用好传统媒体和新兴媒体，深入阐释、广泛传播红色文化蕴含的思想精髓、时代价值，防止严肃题材娱乐化。坚持红色文化与自我革命相结合，学习先辈先烈践行初心使命的精神事迹，着力培养忠诚干净担当的高素质干部队伍。

2. 实施品牌提升工程，丰富文化内涵。做好红色文化保护传承文章，坚持保护修缮与开发利用并重，开展地毯式普查认定、数字化统计管理、抢救性保护修缮、传承性调查研究，摸清“文物家底”，还原“文物故事”。做好红色文化挖掘开发文章，采取人才指引、政策指导、资金扶持等举措，组织文化文物单位、科研机构、高等院校和专家学者深化党史研究，用活红色资源，深挖革命文物价值。做好红色文化宣传推介文章，定期联合举办有特色、有影响力的红色旅游节，开展红色文化交流传播、展示展览、教育培训和红色文旅创意大赛、宣传营销等活动，提升影响力。

3. 实施文旅融合工程，推动产业提质。深化红色旅游供给侧结构性改革，利用网络科技、人工智能等技术将各类红色博物馆、纪念馆原有的文物静态展示转化为动态体验产品，推出“红色办公”“红色餐饮”“红色农场”等场景体验项目，加快红色旅游发展模式由观光型向体验型、数量规模型向质量效益型转变。加快创新产品，依托井冈山、韶山红色文化核心极，围绕秋收起义、井冈山会师和湘赣革命斗争三条主线，串联平江、浏阳、醴陵、攸县、茶陵、炎陵、井冈山、桂东、汝城、修水、安源、芦溪、莲花等红色资源地，实施“红色文化+”“红色旅游+”战略，把红色文化与绿色、古色等文化一体开发，形成以红色旅游为主题、形式多样的复合型旅游产品和线路，提升红色旅游的整体实力和对革命老区发展的综合带动能力。将湘赣边区红色旅游列入国家旅游发展战略，加快推进旅游配套设施和服务功能建设，强化红色教育培训阵地建设，构建湘赣边红色培训联合体，推进景区规划、景点陈展、产品开发、体验消费等统一规划建设，打造“一条龙”旅游产业链。联合探索“文化+旅游+教育”的“红色研学游”模式,高起点建设一批精品景区和经典线路,形成优势互补、市场互动、客源互送、品牌互推的互利合作新格局。

4. 实施协同推进工程，创新发展载体。推动组建湘赣边红色文化旅游共同体，共建全国红色文化旅游融合发展创新区。在城镇规划中融入红色文化理念、在城镇建设中彰显红色文化特色、在城镇改造中传承红色文化记忆，建设一批体现湘赣边红色历史文化、代表城市形象的建筑雕塑、纪念场馆和主题公园等，为城市增添浓郁的红色文化情愫。坚持红色文化传承与乡村振兴协同推进，开发一批红色庄园、特色小镇、乡村旅游区（点）、乡村红色民宿项目。坚持红色文化传承与产业发展协同推进，大力发展红色农业，建设一批集红色农业经营展示、劳作体验、旅游休闲于一体的红色农业观光示范基地。大力发展红色加工业，建设一批红色食品、红色服饰、红色物品的加工企业。大力发展红色服务业，依托红色文化景区景点，不断提升商贸流通及餐饮住宿、社区服务等服务业。建议将平江、浏阳、永新、井冈山、遂川等县（市、区）红色文化遗存保护与利用项目列入国家政策支持范围并给予资金支持。

（五）共建生态文明示范区

1. 健全自然资源资产产权制度。一是明确边区各类自然资源产权主体的界定办法及确权登记的组织模式、技术方法和制度规范，建成归属清晰、权责明确、监管有效的自然资源资产产权制度。二是形成一套科学可行的边区生态产品价值科学评价体系。三是健全资源有偿使用制度，坚持使用自然资源必须付费的原则。以明晰产权、丰富权能为基础，以市场配置、完善规则为重点，推进自然资源有偿使用制度改革，全面准确反映市场供求、资源稀缺程度、生态环境损害成本和修复效益，不断提升自然资源保护和合理利用水平。

2. 形成生态产品价值科学评价体系，摸底生态健康状况。一是借助遥感和地理信息系统（GIS）技术，探索边区不同类型重要生态功能区状况与动态评估方法，分析生态系统服务功能评估在生态保护中的需求和应用方向。二是建立指标评估体系，针对边区不同类型的重要生态功能区，分析不同区域、不同类型重要生态功能区在不同年份的生态状况和变化情况，找出发展规律，真实评估边区现有生态功能区生态系统的健康状况。

3. 推进生态资源的保护性开发新模式。一是强化生态意识。要以湘赣边区"生态大系统"为依托，进行一个完整生态系统的生命周期管理，科学维护生态功能，必须重视山、水、林、田、湖、草等每个组成部分的功能都合理发挥，这样才有利于增强整个生态系统的生命力。二是综合协调好不同类型生态系统保护与开发的关系。在对生态功能区的实际管理过程中，制订明确的资源开发计划和管理目标，对生态价值高、意义重要的山地、湿地等必须给予优先级别的保护。强化生态保护预防措施，建立执法联动机制和联合淘汰落后产能机制，严格控制区域污染物排放总量，建立危险废物利用处置区域合作机制，加速打造湘赣边区域生态经济带。

4. 实施生态修复工程，优化布局绿色产业，探索生态产品价值实现路径。一是要加强污染防治和生态建设。严把市场准入关，杜绝和防止高耗能、高污染、资源性产能项目准入。严格控制边区污染物排放总量，建立危险废物利用处置区域合作机制。二是逐步修复边区受损生态系统。加快构建更多利用市场手段和经济杠杆治理环境和保护生态的有效机制，完善环境公益诉讼制度，鼓励和支持有资质的社会组织和法律中介组织积极参与环境公益诉讼。将禾河水、遂川江流域水环境综合治理纳入规划，建议国家对安福、永新、井冈山、遂川、万安等县（市、区）重点流域水环境综合治理项目给予资金支持。三是积极探索推广“绿水青山”转化为“金山银山”的路径，推动边区生态产品价值实现。重点培育代表性区域绿色品牌，建立绿色产品营销推广机制，综合采用会展推广、电商推广、原产地推广等模式建立多渠道营销机制，探索林业碳汇资源等绿色产品市场化评估和交易机制。

5. 加快完善湘赣边区生态补偿长效机制。一要注重多方实质参与。健全信息公开机制，及时发布生态补偿相关信息，保障公众对生态补偿的知情权、监督权。吸收一定数量的专家学者，参与制度设计和政策制定。充分发挥环保组织的作用，对生态补偿事宜进行跨行政区的监督。二要厘清补偿主体责任。中央政府应继续做好生态补偿的协调和监督，积极发挥导向作用，带动各地积极参与生态补偿。加快相关市场领域的改革，尽早实现利用市场手段进行补偿。三要科学确定补偿标准。利益相关方协商和市场定价机制相结合是未来边区生态补偿标准制定的基本方向。建立生态资源统计报告制度，为相关标准的制定提供客观的核算依据。可考虑引入第三方生态价值和环保成本独立评估。四要促进补偿多元化。逐步实现财政专项、社会资金等资金来源的多样化，推动政策、项目、技术、实物等补偿形式多元化，强化生态补偿的持续性。五要建立健全保障机制。探索建立区际生态补偿评估和监督考核机制，对补偿标准、补偿形式、补偿效果进行客观动态评估，对补偿资金的筹集到付、规范使用等事项进行督察，推动生态补偿机制法治化。参照东江源区流域生态补偿机制做法，建立健全对湘赣边区区域饮用水水源和江河、湖泊、水库上游地区的水环境生态保护补偿机制，提高国家重点生态功能区转移支付系数，加大中央财政转移支付力度，加快建立资源型企业可持续发展准备金制度。

（六）协同保障和改善民生

1. 提升教育和公共文化产品的供给水平。一是提升基础教育的供给能力和水平。支持新建公办中小学、幼儿园，特别是乡村中心公办幼儿园，适度提高公办在园幼儿占比。鼓励采取集团化办学、师资互动、结对帮扶、平台共建、远程共享等方式，促进优质教育资源的合理流动和跨区域共享。优化教师资源的统筹配置机制，实施中小学教师“特岗计划”，加大音、体、美等紧缺学科教师的补充力度，着力破解教师性别及专业的结构性失衡问题。二是打造具有区域特色的职业教育体系。针对中药材、花炮、陶瓷、红色旅游、特色农业等湘赣边区特色产业的发展需要，加强职业技能的集中培训。鼓励行业龙头企业和湘赣两省的重点院校共建产教融合实习、实训或实践基地。三是扩大公共文化产品和服务供给。加强湘赣边区文化交流，充分挖掘红色文化的深刻内涵和外延，研究探索红色文化与革命老区自然风光、人文景观、农耕文明、历史古迹有机融合的乡村振兴之路。深化结对合作，推动区域、城乡公共文化资源共建共享。

2. 加强医疗卫生和社会保障。一是健全专业人才培养机制。针对湘赣边区的医疗队伍，定期开展统一培训，提升区域整体医疗水平。加大对全科医生培养基地的建设投入。二是搭建医疗卫生信息共享平台。逐步实现医疗服务、公共卫生、药品供应以及综合管理等应用系统的互联互通；推进“医联体”“医共体”专科联盟建设和分级诊疗体系的建立健全；利用“互联网 +”大力发展远程医疗，共享优质医疗资源。三是完善一体化的社会保障统筹机制。建立城乡一体化的社会保障体系和保障标准的动态调整机制。推进边区各县（市、区）在养老、失业、基本医疗保险等方面的资格互认和无障碍转移，优化异地就医转诊和医疗费用直接结算服务。

3. 改善劳动就业创业与流动人口管理服务。一是推动湘赣边区人力资源市场一体化，建立区域发展人才联盟。整合公共就业和人才服务信息共享平台，统一人才评价标准和人才引进政策。推动区域从业资格、职称评定等各类标准的互认。减少人才跨地区流动在教育、社保、公积金、生育等方面的政策壁垒。通过校际合作、挂职交流、联合培养、人才信息共享等方式，构建边区人才服务平台，实现高端人才共引、急需人才共育、领军人才共用、发展经验共享。加快研究发布区域紧缺人才目录，以产业需求推动人才供给侧改革，提高产业人才供求匹配精准度。二是加大共性技术、公共领域的人才培养力度，提高老区劳动者技能素质。支持企业联合办学和订单式培养人才，落实就业培训补贴政策，通过合作办班、联合科研等举措，加大通用型人才的培养力度。加大“乡村教师定向培养”“农村订单定向医学生”“基层农技特岗人员定向培养”“乡村人才培育工程”等专项人才培养计划的实施力度，为湘赣边革命老区的民生发展补充专业人才。三是出台人才引进优惠政策。在场地、税费以及信贷等方面，鼓励和支持大学生、外出务工人员返乡创业。引导具有一定工作经验和专业技能的离退休人员返乡生活、生产，改善农村人口的知识结构和基层治理能力，促进城乡资源的对接和人力资本红利的释放。四是改革人口管理服务相关政策，依托“互联网 +”、大数据、人工智能等现代技术手段，提升流动人口管理和服务水平。进一步完善居住证管理制度，确保外来人口，尤其是随迁人员在居住地公平享受基本公共服务。建立健全实际居住人口登记制度，加强和完善人口统计调查和人口信息库建设。

4. 创新社会治理，推动区域内多元主体共建共治。一是加快信息共享，推动治安防控体系共建。加快建立公安信息系统和流动人口统计信息数据库的共享机制，完善流动人口治安管理协作机制，实现信息资源的即时互通。二是建立湘赣边联防协作配合机制，实现社会治理联动。在道路交通管理、维护社会稳定、劳动保障监察、打击违法犯罪、处置突发事件、打非除恶治乱等方面实现指挥联网、整治同步，加大对犯罪行为的联合打击力度。三是探索建立重大突发事件应急指挥运行机制。在情况互相通报、应急资源保障、信息通信保障、应急监测响应、应急救援等方面，加强顶层设计和协调指导，明确工作规程，实行联合行动，切实提高应急响应能力和救援专业化水平。四是整合资源力量，积极推动多元主体参与的社会治理模式。构建由地方党委领导、政府负责、社会协同、公众参与、法治保障的社会治理体制，强调由政府、社会组织、企业、社区、居民通过合作型伙伴关系，依法依规对区域内的社会事务、社会组织和社会生活进行规范管理，不断提升公共事务管理的透明化、民主化和科学化水平。

李建伟　谈文胜　赵　峥　周灵灵　执笔

专题报告

专题一

湘赣边振兴与合作发展的战略意义和机遇挑战

内容摘要：湘赣边振兴与合作发展是贯彻落实中共十九届五中全会精神、全面建成小康社会的必然要求，是落实区域协调发展战略、探索新时期省际合作新机制新模式的重要举措，是充分发挥边区比较优势、逐步缩小区域发展差距的战略需要，是实施乡村振兴战略、实现城乡融合发展的题中之义，同时也是建设我国南方地区重要生态屏障、实现可持续发展的现实选择。湖南、江西两省“连东接西”的独特区位有助于充分发挥腹地效应，有利于国家统筹东中西部协调发展重大战略的实施，更好地实现联动发展。湘赣边振兴与合作发展的机遇主要包括：中国共产党和国家为湘赣边振兴与合作发展提供了全新指引；国家重大区域发展战略给湘赣边振兴与合作发展提供了广阔空间；新技术革命和产业梯度转移给湘赣边区振兴与合作发展带来了赶超机会；湘赣两省在区域开放合作方面的探索给湘赣边振兴与合作发展提供了实践平台。当然，湘赣边振兴与合作发展也面临着一些挑战，其中，经济社会发展不平衡不充分是其面临的根本性挑战，区域内的趋同过程还任重道远。

关键词：湘赣边　振兴与合作发展　战略意义　机遇挑战

我国经济已由高速增长阶段转向高质量发展阶段，正处在转变发展方式、优化经济结构、转换增长动力的攻关期。推进区域高质量发展不仅是区域自身转型升级的必然要求，也是国家高质量发展的重要组成部分。中共十九届五中全会强调“优化国土空间布局，推进区域协调发展和新型城镇化”。深入贯彻落实中共十九届五中全会精神，就要真正做到崇尚创新、注重协调、倡导绿色、厚植开放、推进共享。近年来，在湖南、江西两省共同努力下，湘赣边围绕区域协调发展进行了积极探索，显著增强了区域发展的整体性和协同性。面向未来，要充分把握国家高质量发展机遇，进一步健全湘赣边协调发展机制，共同打造全国革命老区乡村振兴先行区、全国生态文明建设样板区、省际产业协同发展示范区、全国红色文化传承创新中心，着力提升区域发展质量和整体竞争力。

一、湘赣边革命老区地域范围及历史源流

革命老区是一个政治地理概念，是指在20世纪20年代到40年代，即土地革命战争和抗日战争期间，由中国共产党及其领导下的武装力量所建立和发展为革命根据地的区域，是中国革命发展的特殊历程的产物。在依据革命根据地划分标准的前提下，民政部1995年的调查显示，全国有革命老区的县（市、区）为1389个。就本课题的研究对象而言，湖南涉及平江县、浏阳市、醴陵市、茶陵县、炎陵县、攸县、桂东县、汝城县、安仁县、宜章县等10个县（市、区），江西涉及井冈山市、永新县、遂川县、莲花县、上栗县、湘东区、安源区、芦溪县、铜鼓县、万载县、修水县、上犹县、崇义县、袁州区等14个县（市、区），合计24个县（市、区），总面积5.05万平方公里，

2018年户籍人口1365万人。这些县（市、区）属于国家和民政部门界定的革命老区，为便于研究，将其统称为“湘赣边革命老区”（简称“湘赣边区”）。

其中，湖南茶陵县、炎陵县、汝城县、桂东县、安仁县、宜章县、攸县、平江县、浏阳市、醴陵市等10个县（市、区）都属于一类老区，江西井冈山市、永新县、遂川县、莲花县、修水县、铜鼓县、万载县、上犹县等8个县（市、区）也属于一类老区，其他的为二类老区（见表1）。

表1　湘赣边24县（市、区）所属革命老区类型

老区类型	湖南10县（市、区）	江西14县（市、区）
一类老区	茶陵县、炎陵县、汝城县、桂东县、安仁县、宜章县、攸县、平江县、浏阳市、醴陵市	井冈山市、永新县、遂川县、莲花县、修水县、铜鼓县、万载县、上犹县
二类老区	无	安源区、湘东区、芦溪县、上栗县、宜春市（袁州区）、崇义县

资料来源：中国老区建设促进会：《中国革命老区》，中共党史出版社1997年版。《中国革命老区》在国家和民政部门调查登记基础上，对革命老区进行了系统梳理和分析。

湘赣边革命老区山水相依、人缘相亲、文化相融、经济发展水平相似，自古以来就有十分密切的联系。地理上，该区域既是连接环长株潭城市群和环鄱阳湖城市群的中心区域，也是长江经济带和东南沿海的重要交汇区。历史上，井冈山革命根据地和湘赣革命根据地主要是在湖南、江西两省边区的这24个县（市、区）发展壮大起来的，著名的秋收起义、湘南起义、平江起义、三湾改编，以及第一支工农革命军、第一面工农革命军军旗、第一个省级苏维埃政权、第一个工农兵政府，都在这片热土诞生和建立，创造了中国革命史上的多个“第一”。例如，芦溪县曾是湘东苏维埃政府（湘赣省苏维埃前身）成立地和中国工农红军湘东独立师（红六军团）诞生地，一大批革命家曾在这里战斗过。据统计，从湘赣边革命老区走出了180多位开国将军，革命战争中牺牲的烈士多达30万人。

湘赣边不仅是典型的革命老区，而且是中国革命和中国共产党的重要策源地，是中国人民军队的重要建军地，为中国革命作出了重大贡献和巨大牺牲，在中国革命史上具有特殊重要的地位，理应像赣南等原中央苏区那样享受国家的相关政策支持。例如，2012 年 6 月 28 日，《国务院关于支持赣南等原中央苏区振兴发展的若干意见》出台；2014 年 1 月，为支援赣南等原中央苏区振兴发展，39 个部委与赣南 18 个县（市、区）对口帮扶；2014 年 3 月 20 日，《赣闽粤原中央苏区振兴发展规划》发布实施。这些政策举措极大改善了赣南等原中央苏区的发展状况。而与之临近的湘赣边 24 个县（市、区）由于战争创伤的长期影响以及自然地理、基础设施、经济条件等多种因素制约，迄今为止，社会经济发展仍然比较滞后，民生问题仍然突出，与临近区域的差距还比较大，全面建成小康社会的任务艰巨。

二、湘赣边革命老区振兴与合作发展的战略意义

湘赣边革命老区 24 个县(市、区)的地区生产总值已超过 5400 亿元，约占湘赣两省 GDP 总额的 9.3%，区域常住人口约占湘赣两省常住人口的 11.2%。无论基于历史传统还是现实考量，推动湘赣边革命老区振兴与合作发展都是一项重大的经济任务，更是一项重大的政治任务，对全国革命老区加快发展、全面建成小康社会具有重要意义和示范作用。

（一）湘赣边革命老区振兴与合作发展是贯彻落实中共十九届五中全会精神、全面建成小康社会的必然要求

当前正处于全面建成小康社会决胜期，特别是我国社会主要矛盾已经转化为人民日益增长的美好生活需要和不平衡不充分的发展之间

的矛盾。湘赣边革命老区由于受自然地理、基础设施、经济条件等多重因素影响，发展不平衡不充分特征尤其明显。特别是边区地理地貌以山地丘陵为主，城镇化水平普遍偏低，70% 的县经济发展水平低于所在省份的平均水平，一半以上是国家级贫困县，虽大部分已摘帽，但仍需后续帮扶，改善民生的压力依然很大，离实现全面建成小康社会的目标还有较大差距。因此，加快推动湘赣边革命老区振兴与合作发展不仅是贯彻落实中共十九届五中全会精神的必然要求，更是从根本上改变老区贫困落后面貌、加快振兴、加快实现全面建成小康社会目标的迫切需要。

（二）湘赣边革命老区振兴与合作发展是落实区域协调发展战略、探索新时期省际合作新机制新模式的重要举措

尽管我国在建立健全区域合作机制、区域互助机制、区际利益补偿机制等方面进行了积极探索并取得一定成效，但区域分化、无序开发、恶性竞争等情况依然存在，区域发展不平衡不充分问题仍然比较突出。对此，中共中央、国务院《关于建立更加有效的区域协调发展新机制的意见》明确提出“加强省际交界地区合作”“支持湘赣、川渝等省际交界地区合作发展，探索建立统一规划、统一管理、合作共建、利益共享的合作新机制”。湘赣边革命老区在地域上囊括了湘赣两省交界地区的所有区县，契合中央文件精神，推动该区域振兴与合作发展显然有助于落实区域协调发展战略、有助于探索新时期省际合作新机制新模式，加快形成统筹有力、竞争有序、绿色协调、共享共赢的区域协调发展新格局。

（三）湘赣边革命老区振兴与合作发展是充分发挥边区比较优势、逐步缩小区域发展差距的战略需要

湘赣边革命老区自然资源禀赋优越、红色文化深厚、产业特色明显，具有独特的区域比较优势。譬如，当地矿产资源种类繁多，有色金属、非金属等资源富集，地处罗霄山脉，森林覆盖率高，是我国南方地区重要的生态屏障、天然的绿色氧吧，生态农业颇具规模。工业经济初步形成了烟花鞭炮、电子信息、生物医药、陶瓷玻璃、食品加工、装备制造、新材料、有色金属等主导产业。湘赣边区拥有井冈山、明月山、大围山、神农谷、五指峰、莽山、齐云山、武功山、九龙江、碧湖潭、阳明山、酒仙湖、天柱峰等风景名胜区，以及胡耀邦故居、炎帝陵、秋收起义纪念馆等丰富的文化旅游资源。推动湘赣边革命老区振兴与合作发展，有利于整合各类要素资源、充分发挥边区比较优势，有利于承接产业转移，推动湘赣两省产业结构调整和优化升级，缩小区域发展差距。

（四）湘赣边革命老区振兴与合作发展有利于充分发挥战略腹地效应，有利于国家统筹东中西部地区联动发展

从地理区位看，湖南、江西两省不仅与东部发达省份接壤，也和西部欠发达省份毗邻，具有“连东接西”的独特优势和战略区位。就此而言，解决好湘赣边区振兴与合作发展问题，有助于重塑区域空间地理格局，把中部地区发展“洼地”转化为发展“腹地”，充分发挥战略腹地效应，打造新的区域增长极，从而更好地统筹东中西部地区联动发展。

（五）湘赣边革命老区振兴与合作发展是实施乡村振兴战略、实现城乡融合发展的题中之义

湘赣边革命老区因地处罗霄山脉、南岭山脉，城镇化水平低，截至 2018 年底，该区域尚有 14 个县（市、区）的常住人口城镇化率处在 50% 以下，大部分农村仍然延续“大分散、小集中”的传统居住模式，村庄格局没有发生太大改变，城乡社会经济发展水平和收入差距较大。推动湘赣边革命老区振兴与合作发展，尤其是在此进程中推动农村产权结构开放、农村承包地和宅基地“三权分置”、构建集体经营性建设用地入市收益分配机制和风险防范机制、促进乡村产业融合发展以及农技人才培养制度创新和县域人才配置等，有助于缩小城乡差距、壮大乡村经济、提高农民收入、实现城乡融合发展，打造全国革命老区乡村振兴示范区。

（六）湘赣边革命老区振兴与合作发展是建设我国南方地区重要生态屏障、实现可持续发展的现实选择

湘赣边革命老区是我国南方地区重要的生态涵养区和生态屏障，在国家生态安全和生态文明建设中占有重要位置。按照湘赣边“三区一中心”定位（全国革命老区乡村振兴先行区、全国生态文明建设样板区、省际产业协同发展示范区、全国红色文化传承创新中心），湘赣边革命老区振兴与合作发展显然有利于加强省际生态共建与环境同治，促进区域经济与生态协调发展，引领全国资源节约型和环境友好型社会建设，打造全国生态文明建设样板区。

三、湘赣边革命老区振兴与合作发展的机遇挑战

（一）湘赣边革命老区振兴与合作发展的重要机遇

1. 中国共产党和国家为湘赣边革命老区振兴与合作发展提供了全新指引。中共十九大提出“实施区域协调发展战略”“加大力度支持革命老区、民族地区、边疆地区、贫困地区加快发展”；2018 年 11 月，中共中央、国务院《关于建立更加有效的区域协调发展新机制的意见》则明确提出“支持湘赣、川渝等省际交界地区合作发展”。这些重要文件及相关工作指引给湘赣边革命老区加快振兴发展带来了巨大机遇。

2. 国家重大区域发展战略给湘赣边革命老区振兴与合作发展提供了广阔空间。“一带一路”建设、长江经济带发展、粤港澳大湾区建设和长江三角洲一体化发展等重大区域战略的实施，给湘赣边革命老区深化内外开放、提升要素聚集能力、加快产业升级提供了广阔空间。在地缘上，湘赣边区既是连接环长株潭城市群和环鄱阳湖城市群的中心区域，也是长江开放经济带和东南沿海开放经济带的重要交汇区，具有天然的区位优势。但是也要尽可能避免发达地区的“虹吸效应”，增强湘赣边区对优质资源要素的吸引力和集聚能力，将区位优势转化为发展优势。

3. 新技术革命和产业梯度转移给湘赣边革命老区振兴与合作发展带来了赶超机会。当前，新一轮全球智能制造科技革命和产业革命正如火如荼地进行。这些新技术新产业新商业模式给湘赣边革命老区振兴与合作发展营造了良好的“变道超车”氛围，尤其是人工智能、大数据和工业物联网等技术的推广运用在很大程度上改变了传统工作生活和商业模式。从调研看，湘赣边区不少县（市、区）已着手布局电子信息、智能制造、生物医药、新能源、新材料等新兴产业，新兴产业在不断加快发展壮大。例如，2018 年浏阳市高新技术产业总产值增

长了 24.5%；炎陵县新材料行业和电子信息行业快速增长，全康电子、国声声学、欧科亿、兴泰新材料等一批新材料与电子企业落地投产。而且，区域间产业梯度转移也给湘赣边区带来了一些新的产业发展机会和经济增长空间，尤其是同珠三角地区的合作共赢。例如，汝城县积极实施“开放带动”和“对接广东”战略，2018 年与东莞电子行业商会签约，签约资金达 50 亿元，引进东莞 36 家电子信息企业。

4. 湘赣两省在区域开放合作方面的探索给湘赣边革命老区振兴与合作发展提供了实践平台。2014 年以来，湖南、江西两省探索建立了湘赣边开放合作联席会议、湘赣边区域合作示范区建设联席会议等协调推进制度，并在市级、县级层面推动相关合作事宜，在基础设施、产业发展、环境保护、文化旅游、卫生健康、社会治理等领域先后签署了 35 个专项合作协议，实施民生服务数据联网，取得了卓有成效的合作成果，给深入推进区域协调发展提供了很好的实践平台。

（二）湘赣边革命老区振兴与合作发展面临的主要挑战

发展不平衡不充分是湘赣边革命老区振兴与合作发展面临的根本挑战，区域内的趋同过程还任重道远。

1. 经济发展和城镇化水平偏低，区域内部分化明显。湘赣边区 24 个县（市、区）中，湖南省只有浏阳市、醴陵市的人均生产总值高于全省平均水平，江西省只有安源区、湘东区、芦溪县、井冈山市、崇义县高于江西省平均水平。也就是说，湘赣边区 24 个县（市、区）中有 17 个县（市、区）的人均 GDP 低于本省平均水平，且边区一半以上是国家级贫困县，虽部分已摘帽，但仍需后续帮扶，改善民生的压力依然很大。经济体量总体偏小，安仁、炎陵、汝城、桂东、崇义、井冈山、上犹、莲花、铜鼓等 9 县（市、区）的地区生产总值还不到

100亿元，其中，桂东县GDP只有36.86亿元，排在湘赣边革命老区24个县（市、区）的最末位。浏阳市以高达1342.10亿元的GDP排在全国百强县前十五名，是经济实力最强的边区县（市、区），区域内发展差异大（见表2）。

表2　　湘赣边革命老区2018年主要指标概况

地区	常住人口（万人）	GDP（亿元）	人均GDP（元）	城镇化率（%）
	6898.8	36425.8	52949	56.02
平江县	99.55	286.61	28791	45.31
浏阳市	149.38	1342.10	105000	66.10
醴陵市	105.19	607.20	63148	63.57
茶陵县	59.25	185.51	29921	48.96
炎陵县	20.39	75.20	36838	46.00
攸县	66.47	442.60	52209	59.00
桂东县	23.21	36.86	15033	44.68
汝城县	35.25	65.28	18565	42.13
安仁县	39.75	94.57	23791	46.39
宜章县	59.69	231.23	35308	46.80
湖南10县（区、市）合计	658.13	3367.16	51162	—
江西全省	4647.6	21984.8	47434	56.00
井冈山市	17.09	77.32	48082	65.50
永新县	53.02	111.80	22862	48.55
遂川县	62.26	129.60	23498	49.98
莲花县	27.86	61.52	17756	49.20
上栗县	52.20	177.20	38818	50.33
湘东区	37.12	184.69	49750	66.82
安源区	47.31	287.29	60725	79.30
芦溪县	26.88	136.26	50781	55.22
铜鼓县	13.86	49.85	35967	51.47
万载县	60.00	154.71	31444	42.22
修水县	76.01	204.00	26790	45.00
上犹县	32.39	73.37	27604	46.00
崇义县	19.40	91.93	47492	46.01
袁州区	107.92	300.79	27871	57.86
江西14县（区、市）合计	633.14	2040.33	32213	—

资料来源：根据湖南、江西统计局和湘赣边革命老区24个县（市、区）统计数据整理。

城镇化水平方面，湘赣边革命老区湖南省只有浏阳市、醴陵市、攸县高于本省平均水平，江西省只有安源区、湘东区、井冈山市和袁州区高于江西省平均水平。其中，浏阳市的常住人口城镇化率为66.10%，湘东区为66.82%，安源区则高达79.30%，而汝城县、万载县、桂东县的城镇化率还处在45%以下，与湘赣两省的平均水平还差10多个百分点。

2. 区域人口持续外流，科技力量薄弱、专业人才匮乏。人口往东部集聚、从落后地区向发达地区流动是我国人口跨区域流动的主要方向。湖南、江西两省由于毗邻珠三角和长三角，且又是相对落后的内陆省份，近20年来长期属于劳动力输出大省，人口处于净流出状态。例如，通过测算常住人口与户籍人口的差额，2017年湖南净流出436.26万人、江西净流出370.34万人。湘赣边革命老区由于经济基础更为薄弱，生活条件相对艰苦，外出务工成了当地人谋求生存发展的优先选项。从整个区域看，除了安源区、炎陵县等少数县区，绝大部分县（市、区）的人口都处于净流出状态（见图1），其中，攸县、修水县、平江县的外流人口超过10万人，攸县2018年流出14万人，边区24县（市、区）外流人口规模约达80万人。

人口外流还加剧了湘赣边革命老区专业人才和劳动力的紧缺程度。不少区县由于劳动力过度输出、缺乏充足合宜的产业工人和专业人才而导致一些项目难以落地。湘赣边革命老区人才队伍建设普遍面临着“找不到、招不来、留不住、年龄结构老化、整体素质不高”等突出问题。电商、信息化、研发、管理、金融等技能人才和专业技术人才的匮乏不仅阻碍了企业技术改造和创新能力提升，也导致区域医疗、教育、养老、就业等基本公共服务长期不足甚至缺位，制约了革命老区的高质量发展。最明显的是，炎陵县工业集中区国声、全康、圣宝龙、淳雅铝业等新引进企业全面投产后预计新增员工近 8000 人，其中 2019 年需招聘员工 2000 人，县内和周边县（市、区）没有足够的劳动力满足企业用工需求。此外，边区科技投入偏低、科技服务力量薄弱、科技成果转化机制不畅等因素也在一定程度上影响了区域创新环境和产业转型升级。

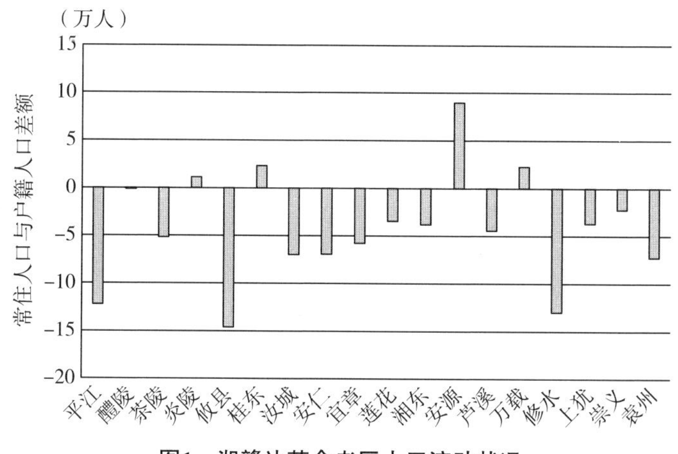

图1　湘赣边革命老区人口流动状况

资料来源：根据湘赣边革命老区相关县（市、区）统计数据测算。以常住人口与户籍人口的差额来表示区域人口流动状况，如果某地的常住人口少于户籍人口，说明人口外流。

3. 工业化进程差异大，新兴产业少，经济转型压力凸显。湘赣边革命老区由于地处罗霄山脉、南岭山脉，森林覆盖率超过 70%（炎陵县森林覆盖率更是高达 83.55%），是我国南方地区重要生态安全屏障。因此，除浏阳市、醴陵市、平江县、安源区、湘东区等少数区县工业经济稍强外（湘东区享有“中国工业陶瓷之都”的美誉），湘赣边区大都是传统农业大县，经济支柱仍以农副产品种植加工、竹木加工、特色养殖种植、中药材等涉农产业为主，比如芦溪县是“赣西粮仓”。从工业规模看，湘赣边区湖南 10 县（市、区）中，浏阳市、醴陵市、平江县规模以上工业增加值超过 100 亿元，茶陵、炎陵、桂东、汝城县规模以上工业增加值则不到30亿元。按人均GDP、产业产值比、制造业增加值占比、城镇化率和产业就业比测度，湘赣边革命老区24县（市、区）显然处于不同的工业化阶段，浏阳市、醴陵市、安源区、湘东区等少数区县已处于工业化后期，大部分区县尚处于工业化中期或者刚进入工业化中期，区域内各县（市、区）的工业化进程差异较大。

目前，湘赣边革命老区整体工业结构以资源和劳动密集型为主，比如有色金属、陶瓷、建材、烟花爆竹等，产品科技含量和附加值不高，产业链条过短、配套不完善、抗风险能力较弱，企业盈利能力容易受市场和环保政策等因素影响而波动。例如，受原材料价格上涨影响，部分矿产品加工、传统化工企业利润下降，处于停产半停产状态；由于环保压力和安全生产压力的增大，石料铁矿采矿业、有色金属冶炼等部分企业也处于半停产状态。典型的例如浏阳市、醴陵市、万载县、上栗县的烟花爆竹产业受环保政策、禁燃限放影响，淘汰了100多家小散企业，正处在淘汰落后产能的关键时期。尽管电子信息、生物医药、新材料、智能制造等新兴产业是湘赣边区着力培育发展的经济增长点，但产业规模还比较小，竞争力还有待提升。特别是湘赣边革命老区龙头企业偏少、中小企业居多，中小企业和初创企业获得金融资源的渠道相对有限，融资成本高，老区经济转型升级压力大。

4. 基础设施和基本公共服务落后，市场分割、同质竞争依然存在，产业集聚效应亟待提升。由于地处山区，湘赣边革命老区的基础设施历史欠账严重，区域内一体化的交通基础设施体系尚未建立，公路等级偏低、高速公路里程偏少，除醴陵市、袁州区等极少数区县外，其余20多个县（市、区）还没有通高铁，两省交界带还存在不少“断头路”，物流成本居高不下。例如，截至2018年底，湘赣边革命老区江西省境内普通国道二级以上比例为77.6%，低于全省89.5%的平均水平，普通省道二级以上公路比例仅为50.1%，县道三级以上公路比例仅为38.5%，乡道双车道以上比例只有8.1%，难以满足地方社会经济发展和乡村振兴的需要。湘赣两省之间对接的普通国道、省道等级不同步，整体技术等级偏低，也迫切需要进行提质增效、升级改造。医疗基础设施和教育卫生资源总体不足且优质资源短缺，每千人口床位数、卫生技术人员数、乡村师资力量等主要指标均达不到省内平均水平，优质教育和医疗卫生资源主要集聚在城镇，乡村基本公共服务不平衡不充分问题甚为突出。

湘赣边革命老区24个县（市、区）都有工业园区，有些规模还比较大，但地区、园区之间以及园区内企业之间还缺乏有效的沟通协作，布局分散、同质化发展等问题比较严峻。地区、园区和企业间仍以竞争关系为主，专业化分工程度低、产业同构现象严重，尤其缺乏以龙头企业为核心、配套企业为支撑的产业链和产业集群，集聚效应不明显，制约了区域经济竞争力的提高。同时，部分园区基础设施建设滞后，园内企业分布零散，大量土地闲置，未形成连片的规模用地，亩均产值较低。亟须加强区域间的沟通协调，探索利益分享机制，加强市场整合，避免同质化竞争，优化园区和产业布局，争取尽快形成布局合理、主业突出、优势互补的发展格局。

5. 湘赣边区域协调发展体制机制有待重构提升，亟待打造统筹有力、竞争有序、绿色协调、共赢共享新机制。体制机制建设是区域协调发展的根本性制度保障。目前，推动湘赣边革命老区协调发展还仅限于湖南、江西两省，缺乏国家层面的指导和政策支持，缺乏常设的工作推进机构以及工作考核和约束问责机制，主要是依靠框架协议来维持，制度化程度偏低、合作较为松散。而且区域投入机制和利益分享机制尚未有效建立，区域合作利益诉求多元化，地区间的利益藩篱和政策壁垒依然存在，部分合作事项推进较为缓慢。

总之，相较于罗霄山片区区域发展与扶贫攻坚、赣南等原中央苏区振兴发展上升到国家层面的协调推进机制，湘赣边革命老区振兴与合作发展受现行制度和行政体制束缚较多。特别是行政区划在一定程度上限制和割裂了湘赣边区经济社会的内在联系，行政壁垒影响和制约了边区生产要素合理流动及有效配置，很有必要将其上升为国家战略，纳入国家“十四五”等重要规划，强化国家层面的统筹协调和政策支持力度，让湘赣边革命老区在新时代焕发高质量发展的蓬勃生机。

李建伟　周灵灵　执笔

专题二

湘赣边革命老区基础设施互联互通研究

内容摘要：基础设施互联互通是推动湘赣边革命老区高质量融合发展的基础和前提。交通、通信、能源和水利等基础设施的联通共享，有利于促进区域资源要素自由流动、增强区域经济发展内生动力、提高区域服务民生水平。当前，湘赣边革命老区基础设施存在规划统一性、建设系统性和运营管理协调性不足等问题。为强化湘赣边革命老区基础设施互联互通对区域经济高质量发展的支撑带动作用，要健全跨区域协调机制，加强基础设施的统一规划。要建成多中心、网络化形态的区域一体化综合交通运输体系，大力发展智慧交通。要加快推进新一代信息基础设施建设、协同推进综合能源基础设施建设、统筹推进水利基础设施建设。要组建跨区域基础设施运营载体，提高基础设施一体化运营管理水平。

关键词：湘赣边　基础设施　互联互通　高质量发展

区域协同发展的理论和实践表明，基础设施互联互通在跨区域协调发展中发挥着基础性、先导性作用。当前，湘赣边区基础设施仍较为薄弱，要推动边区内各县（市、区）宽领域、多层次交流合作，实现高质量融合发展，必须把基础设施放在更加重要的位置，着力推动区域基础设施规划、建设和运营管理的一体化，共建互联互通的基础设施体系。

一、湘赣边区基础设施互联互通的意义

基础设施互联互通是湘赣边区开放合作和协调发展的基础，对推动区域要素自由流动、内生发展动力等意义重大。

（一）促进湘赣边区要素自由流动

区域协调发展的本质是畅通区域内要素流动的物理通道和制度通道，加快各类要素资源聚集和扩散的速度，促进优势互补、包容共进的区域高质量发展经济格局的形成。交通、通信、能源和水利等基础设施的联通共享是突破区域行政界限，带动区域人流、物流、资金流、信息流、技术流等要素实现空间高效转移流通的前提。以交通和通信网络为重点的基础设施是保障湘赣边区各功能区有效运转的“血脉”和“经络”。加强湘赣边区基础设施的互联互通有利于区域资源要素流通更加顺畅、利用更加集约、配置更加合理，有利于强化区域内各功能区间的有机联系、相互支撑，推进区域产业分工更加合理、城乡布局更加优化，实现区域联动发展、协调发展、融合发展和绿色发展。

（二）增强湘赣边区内生发展动力

区域基础设施具有多时空、多尺度特性，具有与人口、产业和技术创新等元素相互匹配、相互耦合、相互促进的能力。加强湘赣边区

基础设施建设,有助于区域交通、信息、能源和水利等网络的深度融合,让不同地区之间的经济活动联系更加紧密，缩短交易距离，节约交易成本和时间成本，增强经济活动的空间效应，增进区域经济的互补互助。加强湘赣边区交通、通信和能源等网络的联通融合，会加速湘赣边区城市之间的交流和合作，推动城市群落的空间重构，扩大城市规模，优化城市功能和结构，带动毗邻地区经济发展，促进区域合理分工，助力产业集群壮大，进而为促进湘赣边区高质量发展注入强劲动力。此外，基础设施建设本身投入大、涉及面广，具有明显的“乘数”效应，大量基础设施项目的投入将进一步放大湘赣边区的投资效应，促进就业增加，带动产出增长。

（三）改善湘赣边区服务民生水平

基础设施具有典型公共产品和公共服务的属性，直接服务人民生产生活。加强交通、能源、通信等基础设施产品和服务区域供给的普惠性、均等化和可持续性，提高共建能力和共享水平，大力提高湘赣边区人民生活水平。提升交通基础设施的通达深度和覆盖范围，形成湘赣边区“半小时都市圈”“一小时生活圈”和“两小时经济圈”，能大大改变人们的出行方式和出行体验，缩短行程，节约时间，增加舒适度。改进信息基础设施，将提升湘赣边区人民生活的智能化、信息化水平，更多地感受科技带来的便捷和高效。完善能源基础设施，将为人们提供更稳定、绿色、高效的用电、用水、用气等能源保障。统筹水资源开发，将大大减少区域旱涝灾害，为湘赣边区人民营造更加安全美丽的宜居环境。城市综合基础设施的完善，有利于解决湘赣边区城市交通拥堵、行车难等“城市病”问题，提升城市运行效率和城市形象，提高市民的舒适感和幸福感。

二、湘赣边区基础设施互联互通存在的问题

近年来，湘赣边区虽然持续加大基础设施投入力度，不断促进区域间的交通网络对接，但由于基础薄弱、机制制约，在总体规划、建设、运营管理等方面还存在较大不足，还不能有效支持湘赣边区经济高质量协调发展。

（一）基础设施规划的统一性有待提升

湘赣边区还未成立统一的基础设施领域的专门协调组织机构。虽然湘赣两省初步建立了交通运输发展共商合作机制，但缺少重大项目推进保障和监督奖惩机制，导致约束力和权威性不足。区域基础设施规划基本仍处于各自进行状态，缺乏统一思路、统一目标、统一标准、统一进度。各分类基础设施规划的“碎片化”现象比较明显，大大降低了规划的指导性、合理性、有效性，导致湘赣边区分属两省的基础设施对接性差、互补性差。基础设施规划的各自为政导致缺乏全局性、战略性、长远性。从交通基础设施看，至今未能规划一条完整的绕湘赣边区的城际铁路或高速公路大环线，区域内湘赣两省还存在高速对接的盲区，跨界国省道、县乡道打通“最后一公里”的难题依然存在，相互对接的公路存在等级不一致甚至差距较大的问题。同时，往往重内通、忽略外联，缺乏与长江三角洲、粤港澳大湾区、武汉城市圈及成渝城市群等区域联通的统一思路和重点主攻方向。从信息基础设施看，对信息基础设施的战略价值没有形成共识，导致信息基础设施规划建设的起点不同，目标错位，发展的质量和层次不均衡。从能源基础设施看，缺乏统一布局，造成重复建设的问题，造成资源浪费。从水利、航运基础设施看，湘赣两省界线明显，连接两省的水路通道至

今未能打通，对区域内丰富的水域资源开发利用严重不足。

（二）基础设施建设的系统性有待提升

1. 基础设施总量略显不足。湘赣边区由于历史发展、地理区位等原因，基础设施总量较小。以最重要的交通基础设施为例，目前共有铁路运营里程约 975 公里，平均约 0.72 公里 / 万人；公路里程约 70000 公里，平均约 51.93 公里 / 万人；通用机场 2 座，年运送客能力约为 120 万人；没有完全联通的水运航线。对标长三角、珠三角等发达地区相关指标，在总量上远远落后。

2. 基础设施布局不够合理。根据相关数据测算，湘赣边区如以省界划分东西，西部（湖南界内）路网密度（公路与铁路里程的和与区域面积的比）约为每平方公里 1.57 公里，东部（江西界内）约为每平方公里 1.23 公里。湘赣边区如以大概的地理中间线（攸县—莲花县一线）划分南北，北部路网密度约为每平方公里 1.68 公里，南部约为每平方公里 1.10 公里。由此可见，湘赣边区交通基础设施在空间分布上基本呈现“北密南疏，西强东弱”不平衡分布格局。在结构分布上，无论在规划还是建设投入方面，铁路、公路、航空等基础设施都占了较大比例，而信息网络、能源、水利等基础设施建设相对不足，尤其是对以“5G”为代表的新一代信息基础设施的投入意识和动力均不足。

3. 基础设施质量有待提升。湘赣边区基础设施存在设计水平较低、建设标准不高等问题。从交通基础设施看，高铁作为当代交通基础设施的标志，在整个区域铁路运营网络中占比较低，仅占 24.72% 左右。区域公路的整体质量也不高，高速公路在区域公路网络中占比不到 2.16%，省道二级以上公路占比也仅为 8.02%，大大低于发达地区水平。从信息基础设施看，新一代信息基础设施建设投入不足，城乡宽带差距较大，区域内各地区之间技术融通、设施互联、网络共治能力不足，还存在较明显的“数字鸿沟”。从能源和水利基础设施看，相关项目建设周期较长，质量监管不够严格，工艺流程不够先进，导致使用年限短、利用率低和浪费严重。

4. 基础设施科技含量较低。湘赣边区基础设施未能全面推进绿色规划、设计、施工标准，并根据资源环境承载力确定基础设施功能布局、建设规模和技术标准等。在基础设施建设管理中引进新一代绿色低碳、节能环保，以及智能化、信息化、网络化、数字化技术相对较少，不利于推动基础设施绿色低碳循环发展。同时，适应节约土地要求的基础设施建设工程技术，废旧材料循环利用技术、生态型污水处理技术应用不足，导致基础设施建设受外部环境的约束变得严峻。

（三）基础设施运营管理协调性有待提升

湘赣边区基础设施领域的协调体制机制还不健全，导致区域基础设施运营管理协调性不足。一是基础设施投融资机制创新不足。湘赣边区基础设施建设运营资金主要依靠中央政府和地方政府财政拨款，未能充分吸纳社会资本和民间资本。湘赣边区缺乏创新金融产品和业务，以及一体化的市场化项目融资机制，支持基础设施建设运营。二是缺少跨区域的基础设施运营载体。湘赣边区目前还未组建可以统一调度资源、规划布局的事业单位或企业组织，导致分散运营和管理的高成本、低效率和低收益。三是基础设施管理的规范性有待提升。湘赣边区暂时还没有支持基础设施统一管理的法律法规，未形成统一的标准规范和质量评价体系，缺乏统一的整合湘赣边区基础设施信息资源的电子信息平台和数据库，基础设施管理的标准化、信息化、精细化水平较低。

三、湘赣边区基础设施互联互通的政策建议

湘赣边区基础设施建设要聚焦关键领域和薄弱环节，着力补齐在规划引导、建设布局以及管理体制机制方面存在的短板，着重提高基础设施的供给质量和供给效率，更好地发挥基础设施的协同效应，有效强化基础设施对湘赣边区经济社会高质量发展的支撑作用。

（一）加强湘赣边区基础设施的统一规划

要尽快组建湘赣边区统一的基础设施规划管理组织机构，加强战略部署和顶层设计，形成区域基础设施统一规划、建设和运营管理的决策机制、保障机制和监督机制。提高湘赣边区基础设施规划建设的整体性和系统性，以及保障力和执行力。区域基础设施统一规划要统筹国家规划和区域规划、统筹内部需求和外部需求，立足于对内联网和对外联通，着眼于长株潭城市群、大南昌都市圈协同和湘赣边区与长江三角洲、粤港澳大湾区、武汉城市圈、成渝城市群的联动。区域基础设施统一规划，要紧紧围绕“一心三带”和“两区四圈”的空间布局和功能定位，合理布局交通、能源、信息、水利等基础设施。要针对湘赣边区交通基础设施“北密南疏，西强东弱”的情况，优先加强东西横向大通道建设和赣南欠发达地区交通基础设施的规划布局，推动湘赣两地基础设施的全面互联互通，加快促进区域基础设施平衡发展。

（二）系统推进湘赣边区基础设施网络建设

1. 完善一体化综合交通运输网络。以打造湘赣边区“半小时通勤圈”“一小时生活圈”和“两小时经济圈”为目标，统筹交通规划与建设，加快交通基础设施在建项目的进度，积极争取一批重大项目（见表1），

形成多中心、网络化形态的路网结构，优化区域交通存量资源配置，扩大优质交通资源增量供给，增强系统弹性，形成布局合理、衔接紧密、立体互联，安全、便捷、高效、绿色、经济的综合交通运输体系。

表1　　湘赣边区重大基础设施项目表

类别	重大项目
铁路	尽快建成浩吉铁路，推进长九铁路、兴永郴赣铁路、咸韶铁路、常岳九（昌）铁路建设，改造吉衡铁路、醴茶铁路，筹备渝长厦高铁长沙至赣州段，谋划株福高铁、衡福高铁、武宜深高铁
公路	推进平伍、伍益、宜井遂、遂川至大余、通城（赣鄂界）至铜鼓等高速公路建设及沪昆高速区内段扩容，推进G357汝城对接崇义、醴陵S330对接湘东S311（栗塘—凤凰—麻山）、湘东S437至攸县S204、桂东S561对接上犹S547、攸县Y308对接湘东S308、浏阳S201对接万载S430、浏阳S326对接上栗S224、攸县S535对接莲花S538、平江XJ16对接铜鼓S222、茶陵S337对接永新S539，筹划兴国—遂川—桂东—郴州—新田高速、平江县S202对接江修水S510、炎陵县S560对接遂川县S545
空运	规划建设永新、茶陵、桂东、汝城、修水、崇义、湘东等通用机场
水运	启动研究渌水至株洲入河口段IV级航道项目

（1）**大力扩展铁路网**。加快推进区域内高铁建设和既有铁路扩能改造，统筹湘赣边区内城际铁路项目，促进湘赣边区与长株潭城市群、大南昌都市圈城际铁路对接。加快湘赣边区规划中的8个铁路通道建设，尽快建成浩吉铁路，推进渝长厦高铁长沙至赣州段尽早开工，加快推进兴永郴赣铁路、咸韶铁路、常岳九（昌）铁路、长沙至九江铁路等建设，积极推动醴茶铁路、吉衡铁路升级改造，启动株福高铁、衡福高铁的前期研究工作，积极争取将武宜深高速铁路项目纳入国家“十四五”铁路规划。

（2）**加快完善公路网**。规划建设绕湘赣边区大环路高速，推动区域内沪昆高速公路复线、昌栗高速西延、邵吉高速等高速公路、国省干线及县乡道路连通对接，形成内外快速通达的公路网络，促进与其他运输方式的有效衔接。提高高速公路覆盖密度，加快国省干线升级改造，探索建设湘赣省级无收费快速大通道。推动农村公路升级改造，全面打通边际“断头路”，积极推进旅游通景区路建设，基本实现乡镇、AAAA 景区通行三级及以上等级公路。

（3）**提升空运能力**。大力发展通用航空，统筹机场与铁路、公路的合理布局，加快民运机场的建设步伐，尽快建成永新、茶陵、桂东等民用通用机场，形成区域机场群。巩固长沙黄花国际机场区域性航空枢纽地位，扩建升级井冈山机场、宜春明月山机场综合配套设施，增加航线提升航空服务水平和货运能力。

（4）**加强水运能力**。利用区域水网密布的先天优势，打通水运航道联通节点，尽快推进渌水（萍水）航道的两省联通，形成水运网络。积极推进区域内河航道网络化、运输船舶标准化、航运中心建设联动化，协同推进湘赣边区水运与公、铁、空等运输方式的有效衔接和配套，发展多式联运。

（5）**发展智慧交通**。要紧盯未来交通发展趋势，推动大数据、互联网、人工智能、区块链、超级计算等新技术与湘赣边区交通网络的深度融合。推进数据资源赋能区域交通发展，构建泛在先进的区域交通信息基础设施。构建区域统一的综合交通大数据中心体系，提升交通网络智能化水平。建设区域绿色交通体系，推进区域交通运输节能降碳，发展绿色高效运输方式，逐步优化交通运输能源结构，加大清洁能源和新能源在运输装备中的应用力度。

2. 加快推进新一代信息基础设施建设。要着力补齐湘赣边区数字经济发展相对滞后的短板，紧密结合产业需要、生活需求，协同构建新一代信息基础设施网络。建议启动“5G 网络一体化建设工程”，争取实现与先进发达地区 5G 网络同步上线，建成“5G 网上的湘赣边区”，推动“万物互联”，建设智慧城市，促进资源共享。加强建设湘赣边区标准统一、信息共享的电子政务系统，提高协同决策与治理能力。加速信息管线综合改造、扩面，基本实现湘赣边区农村移动宽带连续覆盖、光纤固定宽带全覆盖。加大湘赣边区电子商务进农村力度，健全县级电商服务中心及村级电商服务体系。加强区域统一信用记录和信用信息系统建设，促进信用服务和资源共享。

3. **协同推进能源基础设施建设。**统筹能源基础设施规划和建设，协作推进能源基地建设，将湘赣边区打造成两省能源生产和消费保障基地。推进修水、上犹、永新、汝城、桂东等地的智能高压电网建设，带动全区域实现智能电网全覆盖。统筹各县（市、区）生活垃圾发电站建设，加快平江县、浏阳市、攸县抽水蓄能水电站建设，稳定区域用电供给，探索电价同网同价的可行性。加大页岩气、天然气资源勘探开发力度，推进清洁工业燃气项目，加快相关油气管道输送工程进度，全面加快天然气管道建设，实现区域内管道联网。大力发展光伏、风电、生物质能、地热能等新型能源、清洁能源、绿色能源，支持上栗、汝城、遂川等地区建设风力发电厂和生物质能发电厂，联合打造区域新能源产业集群基地（见表2）。

表2　　湘赣边区信息、能源和水利重大基础设施项目表

信息	5G网络一体化建设工程（建议）
能源	南昌—长沙特高压工程，株洲500千伏电网共建工程，莲花和遂川生活垃圾发电工程，平江抽水蓄能电站工程，中石化樟株成品油管道跨省联络线工程，中石油西气东输三线工程，中石化新疆煤制气外输管道工程，各县（市、区）天然气支线管道联网工程，桂东、宜章、遂川等地风力发电项目，遂川生物能发电项目
水利	锅底潭、枫林、平乐等水库除险加固工程，河东、桐木等灌区节水改造工程，汝城、遂川等城市防洪工程，椒花、碧湖、东源等水库建设工程，汝城、遂川、铜鼓、莲花、醴陵、永新、万载等城市供水一体化工程

4. **统筹水利基础设施建设。**坚持全面规划、统筹兼顾、标本兼治，

协同建设管理水利基础设施，共同保护水生态环境。统筹推进湘赣边区中小河流治理、农村水系综合整治、山洪灾害防治、城市防洪排涝设施、灌区续建配套、田间渠系配套、江河湖库水系连通工程等水利基础设施建设。协同推进湘赣边区城乡污水处理设施建设，强化城市大气污染联防、联控、联治，推进重金属污染防治项目建设。实施湘赣边区供水水源地共建和饮用水安全共保工程，健全农村饮水安全工程建设和运行管护体系，推进农村供水管理智能化。加快病险水库和水闸除险加固，增强防汛抗旱减灾体系和能力建设，实施区域支流联合调蓄滞洪重点工程，建立区域防洪抗旱预警和决策支持系统。重点推进椒花水库、碧湖水库、东源水库等湘赣边区重大水利工程建设，全面提升区域水利保障能力。

（三）提高基础设施的一体化运营管理水平

一要建立完善的基础设施法律法规体系。尽快出台湘赣边区基础设施统一规划、建设和运营管理的法律法规，把湘赣边区基础设施的运营管理置于法治化轨道。二要建立多元化的基础设施投融资体制。要通过特许经营、投资补助、政府购买服务等多种形式，吸引包括民间资本在内的社会资金，参与投资、建设和运营有合理回报或一定投资回收能力的可经营性基础设施项目，在市场准入和扶持政策方面对各类投资主体同等对待。创新基础设施投资项目的运营管理方式，实行投资、建设、运营和监管分开，形成权责明确、制约有效、管理专业的市场化管理体制和运行机制。建议由区域各级政府出资成立湘赣边区基础设施投资基金，支持湘赣边区重大基础设施建设。三要积极培育跨区域基础设施运营载体。以市场为导向，以资本为纽带，组建跨区域基础设施运营载体，可以考虑以轨道交通、公路、空港整合为重点，探索成立湘赣边区城际铁路集团、湘赣边区公路集团、湘赣边区机场集团等，在跨区域交通基础设施资源整合、结构调整、效率提升等方面发挥协同效应。充分发挥大型企业集团的管理和网络优势，通过增资扩股、兼并收购等方式，积极推动湘赣边区主要开展社会化服务的国有铁路公路资源整合。

赵　峥　王炳文　唐宇文　执笔

参考文献

[1] 杨慧. 基于耦合协调度模型的京津冀13市基础设施一体化研究. 经济与管理，2020（2）

[2] 胡昊. 长三角城市群亟须交通一体化发展. 中国科学报，2019-10-22

[3] 钟文，钟昌标，郑明贵，陈林雄. 兼顾公平与效率的交通基础设施与区域协调发展研究——基于新经济地理学视角. 地域研究与开发，2019（6）

[4] 林钰龙，孙超，韩广广. 区域智慧交通一体化发展思考——以粤港澳湾区为例. 品质交通与协同共治：2019年中国城市交通规划年会论文集，2019-10-16

专题三

湘赣边革命老区推进乡村振兴的思路与建议

内容摘要：实施乡村振兴战略是中共中央在新时代作出的重大战略决策。湘赣边地区作为重要革命老区，拥有推动乡村振兴的良好契机。近年来，湘赣两省在推进脱贫攻坚与乡村振兴工作中多措并举，取得显著成效。但总体看，湘赣边革命老区乡村振兴仍然处于起步阶段，存在乡村经济基础相对薄弱、基础设施与民生保障滞后、生态建设挑战巨大、区域合作机制不完善、支持性政策不到位等突出问题。为高质量推进湘赣边革命老区乡村振兴工作，建议以创建"全国革命老区乡村振兴先行区"为目标，在国家层面建立机制，支持湘赣边革命老区加快推进乡村振兴战略；将湘赣边革命老区乡村振兴建设纳入国家"十四五"规划并给予政策支持；实施五大重点领域乡村振兴示范区工程；允许湘赣边革命老区先行先试，率先进行全面深化农村改革集成创新试验，使乡村振兴成为湘赣边革命老区高质量发展的重要基础性支撑。

关键词：湘赣边革命老区　乡村振兴　区域协作

中共十九大提出推动乡村振兴战略与区域协调发展战略，强调加大支持革命老区、民族地区、边疆地区、贫困地区发展的力度。中共十九届五中全会强调“优先发展农业农村，全面推进乡村振兴”，并对“优化国土空间布局，推进区域协调发展和新型城镇化”作出了系列战略部署。总体来看，乡村振兴是加快推动高质量区域协调发展的重要引擎，对于区域协调互补发展意义重大。湘赣边革命老区地处湖南、江西两省交界地区，共涉及 24 个县（市、区），国土面积超 5.05 万平方公里，人口 1365 万人。作为中国革命的星火源头，湘赣边革命老区是中国革命和中国共产党的重要策源地，是人民军队的重要建军地，是湘赣、湘鄂赣革命根据地和中央苏区的核心地带，湘赣边区人民为中国革命和新中国成立作出了巨大贡献。同时，湘赣边区域还是国家重要生态功能区、中部和南岭地区重要生态屏障和天然绿色氧吧。但是，长期以来，由于交通等基础设施和公共服务水平滞后等原因，湘赣边区域经济社会发展缓慢，经济基础相对薄弱，推动脱贫攻坚和乡村振兴面临诸多困难。

当前，湘赣边革命老区正处于高质量发展重要战略机遇期。一是中央中部崛起战略为湘赣边革命老区推动乡村振兴提供了全新战略指引。二是湘赣两省经济结构具有很强的互补性，能够实施产业链的跨区域布局和价值链的协同构建。三是两省党委政府合作意愿明确，相关战略性合作规划与多层次合作机制基本确立。四是湘赣两省周边区域创新协调发展战略的辐射性正在逐步增强，包括“一带一路”、长江经济带、粤港澳大湾区等区域重大协同发展战略的相继实施，有效推动了湘赣边周边区域加快脱贫攻坚、加速要素集聚、推动产业升级、转化发展模式的规划与实践。五是中央层面重点政策支撑持续加强，2018 年 11 月，中共中央国务院出台《关于建立更加有效的区域协调发展新机制的意见》，明确提出“支持湘赣省际交界地区合作发展”，为湘赣边区域合作带来战略发展契机。湘赣边区域位于环长株潭城市群和环鄱阳湖城市群中心区域，是长江经济带和海西经济带的重要交汇区，具备加快推动乡村振兴和区域高质量协调发展的空间区位优势。与此同时，湘赣省际交界地区合作具有历史传统和良好基础，多年来两省在省级层面创新体制机制，共同谋划推进工业园区、红色旅游、乡村振兴以及基础设施等重点项目，省际合作取得了突出成效，为革命老区脱贫攻坚、实施乡村振兴战略和高质量发展树立了典范。

习近平总书记强调，“吃水不忘挖井人”。当前，亟待从推进农业农村现代化发展、加快构建国家区域协调发展战略、探索省际合作以及加快革命老区、边区、贫困地区乡村振兴工作高质量发展的高度，加强顶层设计并给予针对性政策支持。

一、湘赣边革命老区推进乡村振兴战略取得显著成效

（一）扎实推进脱贫攻坚

湘赣边革命老区24个县（市、区）中有一半，即12个县（市、区）是国家级贫困县，近年来，两省扎实推进革命老区、边区、贫困地区扶贫攻坚工作，取得突出成效。

一是聚焦“两不愁三保障”要求，着力解决革命老区贫困群众民生保障。在基本医疗方面，创新构筑基本医保、大病保险、补充保险、医疗救助“四道保障线”，2018年老区贫困患者住院自付医疗费用比例达到90%标准；落实贫困群众县域内住院“先诊疗后付费”、医疗报销“一站式”结算；实施“大病集中救治一批、慢病签约服务管理一批、重病兜底保障一批”的“三个一批”行动计划；推进远程

医疗合作，其中江西省远程医疗服务平台已基本建成，15 所省直医院与 80 所县级综合医院系统实现对接，覆盖湘赣边革命老区 11 个县（市、区）。在基础教育方面，落实贫困家庭子女上学、就业资助政策。2018 年湘赣边革命老区县（市、区）资助建档立卡贫困学生 5.06 万人，发放教育扶贫资助资金 9402.46 万元。按照“一生一策”的原则，建立贫困家庭高校毕业生就业动态服务机制，免费提供就业信息、就业指导、就业岗位和创业教育、创业担保贷款等全过程跟踪服务，帮扶贫困家庭高校毕业生就业。在就业扶贫方面，搭建就业扶贫车间、新型农村合作社、就业扶贫专岗托底等六类就业扶贫平台，建立健全政策扶持、资金奖补、就业服务等一整套工作机制，促进贫困劳动力就近就地就业。2018 年湘赣边革命老区各县（市、区）未脱贫劳动力 4.81 万人，借助就业扶贫平台与就业帮扶政策，有 3.65 万人成功实现就业。

二是着力改善革命老区基础设施。2018 年，湘赣两省共安排村庄整治财政资金达到 49.37 亿元，其中湘赣边革命老区相关县（市、区）达到 1.24 亿元，主要用于湘赣边革命老区县（市、区）593 个贫困村、特别是 93 个深度贫困村的道路、饮水安全、电力、通信、文化、卫生设施等领域建设。

三是加大扶贫资金投入力度。重点包括：加大财政投入力度，2018 年湘赣边革命老区县（市、区）各级财政扶贫资金投入达到 4.16 亿元；加大金融扶贫力度，推动建档立卡贫困户评级授信工作；推进扶贫小额信贷，2018 年湘赣边革命老区县（市、区）共发放扶贫小额信贷 17.96 亿元、惠及 5.1 万户；汇集社会投入支持，湘赣两省 1082 个部门单位定点帮扶 728 个贫困村，投入定向帮扶资金（含捐赠物品折款）2.74 亿元；开展“千企帮千村”精准扶贫行动，湘赣边革命老区县（市、区）656 家民营企业参与投入帮扶资金（含捐赠物品折款）

共计达到 2.91 亿元；推进“社会扶贫网”精准扶贫行动，湘赣边革命老区县（市、区）发布需求 16.15 万项、帮扶成功 13.57 万次。此外，还包括落实易地扶贫搬迁“梯度安置 + 后扶帮扶”等措施。

四是提升脱贫攻坚组织保障。湘赣两省深入推进“抓党建、促脱贫”攻坚行动，推进基层精准帮扶组织体系建设，共选派第一书记 2102 人、驻村工作队员 5371 人，实现向全省贫困村、“软弱涣散”村和集体经济薄弱村党组织选派驻村第一书记的全覆盖。同时，加快推进乡村扶贫工作站室建设全覆盖，确保精准扶贫有组织保障、有机构管事、有队伍做事、按规章办事。

五是坚持扶贫与扶志、扶智、扶勤、扶德相结合。组织开展扶贫扶志感恩教育活动，教育贫困群众听党话、知党恩、跟党走。进一步探索“增收激励法”、积分兑换“爱心超市”、村民道德“红黑榜”等做法，激发贫困群众脱贫攻坚内生动力。

经过两省党委政府近年来的努力，湘赣边区湖南省 10 个县（市、区）涉及的贫困村 304 个，建档立卡贫困人口 9.1 万户，共计 30.9 万人，到 2018 年底，304 个贫困村全部脱贫退出，7 个贫困县（市、区）全部实现脱贫摘帽；江西省 14 个县（市、区）涉及的贫困村 609 个，建档立卡贫困人口 12.6 万户，共计 44.7 万人，到 2018 年底，556 个贫困村实现脱贫退出，5 个贫困县（市、区）全部实现脱贫摘帽。

（二）合力推动乡村振兴

中共十九大提出实施乡村振兴战略以来，湘赣两省着力推进乡村振兴工作，在推进革命老区、边区、贫困地区乡村振兴方面走在了全国前列。

一是加强战略规划引领。两省合作编制《湘赣边区域合作示范区发展规划（征求意见稿）》，明确了合力推进脱贫攻坚、协同发展现代农业、全面深化农村改革等重点合作性工作任务，为湘赣边革命老区乡村振兴工作提供了战略遵循。

二是建立多层次、多领域乡村振兴合作机制。在省级层面，两省相继签署《进一步推动赣湘合作框架协议》《共建赣湘开放合作试验区战略合作框架协议》《湘赣边区域合作示范区建设现代农业协同发展框架协议》等战略合作文件，明确了六大领域、50 个涉及乡村振兴的合作事项；在市县层面，宜春市与长沙市签署《长沙市与宜春市战略合作框架协议》《赣湘边区经贸合作产业园合作协议》；袁州区与浏阳市签署《长沙市浏阳市与宜春市袁州区战略合作框架协议》；萍乡市与株洲、长沙两市签署《赣湘开放合作试验区战略合作框架协议》。此外，湘赣边区域采取轮值制，已连续召开了 5 届赣湘边区合作会议。

三是推动农业科技重点合作，双方共同起草《湘赣边区域合作示范区农业科技创新合作联盟实施方案》；协商拟定《多熟制粮油生产机械化装备研发与技术示范》《果蔬茶提质增效关键技术研究与示范》《特色中药材全产业链开发》等湘赣边区农业科技创新合作建议选题项目；共同制定《湘赣边区域农业科技创新联盟协议书》等文件。在文化旅游、水利、环保、科教等重点领域，湘赣两省相继建立乡村振兴跨部门协商合作机制。

四是推动农业产业协同发展。湘赣两省签订产业合作框架协议，明确“联合打造一个农业区域公用品牌”“联合建立一个农产品产销合作机制”“联合建立一个农业科技创新合作联盟”“联合打造一批湘赣边区农业休闲精品旅游线路”等四个方面重点合作内容。在此基础上，加大农业科技合作力度，加强农产品产销合作机制，加强现代农业协同发展，着力将湘赣边区建设成为“创新开放试验区、乡村振兴示范区、绿色发展样板区、红色传承模范区”。在推动农业与二产、三产融合方面，两省合作制定《湘赣边区域文化旅游产业合作行动纲要》，推出红色旅游精品线路，共同开展旅游宣传营销，合力打造乡村文化旅游品牌，在促进农村“新六产”融合发展方面积极作为。

经过努力，两省在乡村产业兴旺、生态宜居、乡风文明、治理有效、生活富裕等方面均取得一系列成绩，在推动革命老区和贫困地区实施乡村振兴战略方面，两省走在了全国前列。

二、湘赣边革命老区推进乡村振兴战略面临的主要挑战

虽然湘赣边革命老区实施脱贫攻坚和乡村振兴战略取得了积极成效，但对照中共十九大提出的战略任务和目标要求，对照习近平总书记对振兴革命老区的殷切期望仍有较大差距。

（一）乡村振兴尚在起步阶段，存在明显差距和不足

乡村振兴战略以产业兴旺、生态宜居、乡风文明、治理有效、生活富裕为总体目标要求。现阶段，湘赣边革命老区推动乡村振兴战略尚处于起步阶段，存在多方面明显差距和不足。一是农业产业结构不够合理，农产品供过于求和供给不足的问题并存，整体产业层次较低，产品同质化问题比较突出，农村一、二、三产业融合发展占产业化经营比重和农产品二次深加工率均较低，规模化耕种水平不高，农村集体经济比较薄弱，产业竞争力不强，农业抵御自然灾害和市场风险能力不足。二是财政投入能力有限，信贷资金投入农业领域面临抵押难题，工商资本投入农业产业比例仍然较小，“钱从哪里来”的问题没有得到破解。三是农村人口老龄化、村庄“空心化”现象严重，生产

经营性人才缺乏，乡村内生发展动力不足。四是村级领导班子成员年龄偏大、文化程度偏低、带动能力偏弱、后备力量不足，乡村治理体系不够完善。五是促进农村劳动力转移和就地城镇化能力不足，城乡融合发展体制机制不够健全等。

（二）乡村经济基础相对薄弱

湘赣边革命老区涉及的24个县（市、区）经济基础比较薄弱，经济总量偏小，经济发展不平衡、不充分问题突出。

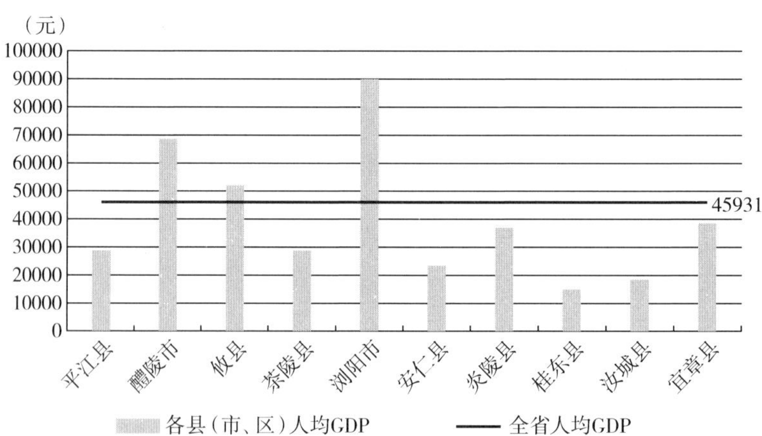

图1 湘赣边革命老区湖南省境内县（市、区）与湖南全省人均GDP对比（2018年）

主要表现在：人均经济水平偏低，24个县（市、区）中除浏阳、醴陵、湘东、攸县等外，人均GDP均低于本省平均水平，其中7个不足平均水平的一半（见图1）。茶陵、炎陵、汝城、桂东、安仁、宜章、修水、莲花、永新、遂川、上犹等11个县是国家级贫困县，虽已基本摘帽（见表1），但后续帮扶需求仍然较大；产业合作有待深化，产业层次较低，产品同质化问题比较突出，一、二、三产融合程度不高；基本公共服务体系不健全；高质量公共服务供给不足；区域间合作体制机制不健全，跨省级行政区域合作受到现行行政管理体制约束较多；制度性合作水平不高，合作项目实施管理较为松散，合作事项落地进度比较缓慢。

表1　　湘赣边革命老区国家级贫困县脱贫摘帽进程

	湖南省国家级贫困县	江西省国家级贫困县
2018年脱贫摘帽	炎陵县，茶陵县，桂东县	永新县，上犹县
2019年脱贫摘帽	安仁县，汝城县，宜章县	遂川县，莲花县
2020年脱贫摘帽		修水县

以江西省涉及的 14 个县（市、区）为例，2018 年，14 个县（市、区）人口 520.89 万人，占全省 11.2%，但 GDP 总量仅占全省 7.35%，人均 GDP 高于全省平均水平的仅有 4 个县（市、区）；财政总收入仅占全省 5.62%，增幅高于全省平均水平的仅有 3 个县（市、区）；一般公共预算收入 133 亿元，占全省 5.6%，县均仅 10.7 亿元，人均财政收入仅 2572 元，增幅高于全省平均水平的仅有 6 个县（市、区），财政收入总量较小（见图 2）。

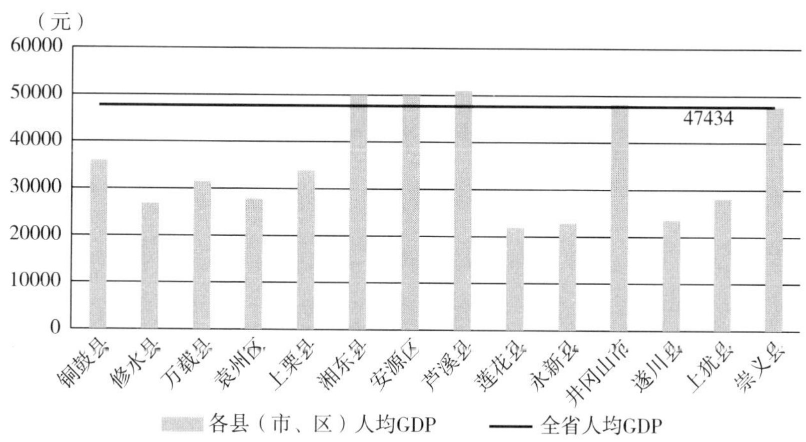

图2　湘赣边革命老区江西省境内县（市、区）与江西全省人均GDP对比（2018年）

（三）乡村基础设施与民生保障建设滞后

中共十八大以来，在中共中央、国务院和有关部门的支持下，湘赣边革命老区的基础设施建设与民生保障得到了显著改善，但仍存在若干制约发展的突出问题。在基础设施方面，随着高铁经济时代的到来，湘赣边区域县（市、区）除醴陵市、袁州区外，其余县（市、区）均未开通高铁，难以融入全国高铁经济发展。在公共服务方面，乡村教育发展相对滞后。学前教育质量较低，公办幼儿园数量较少；基础教育办学条件较差，建设资金缺口较大；教师队伍与教学水平难以满足实际需要，教师结构失衡，总体待遇偏低，音、体、美等素质教育教师结构性缺员问题突出。卫生医疗资源严重不足，优质资源短缺，每千人口床位数、卫生技术人员数等主要指标与本省平均水平相差较大。卫生领域专业人才总量不足，尤其是高层次专业技能人才严重不足。基层医疗卫生资源不平衡、不充分问题更突出。

（四）乡村生态建设挑战巨大

湘赣边革命老区发展基础相对薄弱，生态环境保护与利用协调机制不健全，生态监管与科技支撑能力普遍不强，生态文明发展面临巨大挑战。以江西省 14 个县（市、区）为例，37 个建制镇建有污水处理设施，污水日处理能力为 1.4 万吨，涉及镇区常住人口达 29 万人，设施覆盖率仅为 36.6%，远低于全省建制镇污水处理设施覆盖率 52.9% 的水平。此外，镇区污水收集处理率不到 50%。即使加上 24 个在建的污水处理设施，设施覆盖率也仅能达到 60.4%，距离全省要求建制镇污水处理设施覆盖率达到 70% 的目标仍有较大差距。湖南省 10 个县（市、区）虽均已建成县级污水收集处理设施，包括污水处理厂 10 座，污水总处理规模达 28 万吨 / 日，排水管网 1944 公里，但乡镇污水处理设施建设起步晚、底子薄，目前除浏阳市乡镇污水处理设施已经全覆盖外，其余县（市、区）历史欠账较多，对标国家要求和周边省份乡村生态基础建设水平还存在较大差距。

（五）区域合作机制尚不完善

目前，推动湘赣边革命老区乡村振兴和区域协调发展的一系列政策措施还仅限于江西、湖南两省省级层面，缺乏国家层面的协调推进机制，有关政策支持力度还不够大，政策效果较为有限。此外，跨省级行政区域合作受到现行行政管理体制约束较多，制度性合作水平不高，具体管理与实施较为松散，合作投入与利益分享机制尚未有效建立。同时，由于两省区域发展诉求存在差异，部分合作事项推进比较缓慢。

（六）部分支持政策尚未到位

2012 年《国务院关于支持赣南等原中央苏区振兴发展的若干意见》政策出台后，仅有上犹、崇义等少部分湘赣边县（市、区）享受到政策红利，脱贫攻坚与乡村振兴工作得到政策扶持，大部分湘赣边县（市、区）并未享受到中央支持赣南等原中央苏区的各项优惠政策，如“提高乡村基本运转经费保障水平”“支持化解市县乡村公益性债务，将公益性建设项目国债转贷资金全部改为拨款”“大力发展乡村旅游、拓展农业功能”等（见表 2）。

表2　　支持原中央苏区乡村发展优惠政策简表

序号	优惠政策	具体内容
1	财税政策	进一步加大中央财政均衡性转移支付力度，逐步缩小地方标准财政收支缺口。加大中央财政对赣南等原中央苏区振兴发展的财力补助。加大中央专项彩票公益金对赣州社会公益事业的支持力度。支持化解赣州市县乡村公益性债务，将公益性建设项目国债转贷资金全部改为拨款。中央代地方政府发行的债券向原中央苏区倾斜。统筹研究将赣州列为中国服务外包示范城市并享受税收等相关优惠政策问题

续表

序号	优惠政策	具体内容
2	投资政策	加大中央预算内投资和专项建设资金投入，在重大项目规划布局、审批核准、资金安排等方面对赣南等原中央苏区给予倾斜。中央在赣州安排的公益性建设项目，取消县及县以下和集中连片特殊困难地区市级资金配套。加大扶贫资金投入。国家有关专项建设资金在安排赣州市公路、铁路、民航、水利等项目时，提高投资补助标准或资本金注入比例
3	金融政策	鼓励政策性银行在国家许可的业务范围内，加大对赣南等原中央苏区的信贷支持力度。鼓励各商业银行参与赣南等原中央苏区振兴发展。促进赣州地方法人金融机构加快发展，发挥差别准备金动态调整机制的引导功能，支持地方法人金融机构合理增加信贷投放，优化信贷结构，满足有效信贷需求。支持开展保险资金投资基础设施和重点产业项目建设，开展民间资本管理服务公司试点。支持符合条件的企业发行企业（公司）债券、中期票据、短期融资券、中小企业集合票据和上市融资。大力推进农村金融产品和服务方式创新，鼓励和支持设立村镇银行
4	产业政策	实行差别化产业政策，从规划引导、项目安排、资金配置等多方面，给予支持和倾斜。加大企业技术改造和产业结构调整专项对特色优势产业发展的支持力度。对符合条件的产业项目优先规划布局。支持赣州创建国家印刷包装产业基地，并实行来料加工、来样加工、来件装配和补偿贸易的政策
5	国土资源政策	在安排土地利用年度计划、城乡建设用地增减挂钩周转指标等方面，加大对赣南等原中央苏区的倾斜。支持赣州开展低丘缓坡荒滩等未利用地开发利用试点和工矿废弃地复垦利用试点，相关指标单列管理；支持开展农村土地综合整治工作，研究探索对损毁的建设用地和未利用地开发整理成园地的，经认定可视同补充耕地，验收后用于占补平衡；支持开展稀土采矿临时用地改革试点
6	生态补偿政策	将东江源、赣江源、抚河源、闽江源列为国家生态补偿试点。结合主体功能区规划调整和完善，研究将贡江、抚河源头纳入国家重点生态功能区范围，提高国家重点生态功能区转移支付系数，中央财政加大转移支付力度。加快建立资源型企业可持续发展准备金制度。国家加大对废弃矿山植被恢复和生态治理工程的资金支持。加大对国家公益林生态补偿投入力度
7	人才政策	加大东部地区、中央国家机关和中央企事业单位与赣南等原中央苏区干部交流工作力度。鼓励中央国家机关在瑞金设立干部教育培训基地。国家重大人才工程和引智项目向原中央苏区倾斜，鼓励高层次人才投资创业，支持符合条件的单位申报院士工作站和博士后科研工作站

续表

序号	优惠政策	具体内容
8	对口支援政策	建立中央国家机关对口支援赣州市18个县（市、区）的机制，加强人才、技术、产业、项目等方面对口支援，吉安、抚州的特殊困难县参照执行。鼓励和支持中央企业在赣州发展，开展帮扶活动。支持福建省、广东省组织开展省内对口支援。鼓励社会力量积极参与对口支援

此外，湘赣边区作为国家生态功能区、国家中部和南岭地区的重要生态屏障，给予的各项生态补偿标准相对较低。为了涵养生态，土地指标、资金投入、森林采伐指标等促进当地经济社会发展的关键性要素也受到严重制约，仍然为国家高质量发展承担重要生态功能的湘赣边区如何跟上新时代的发展步伐，如何破解中共十九大提出的不平衡、不充分发展困难和挑战是摆在湘赣边革命老区高质量推动乡村振兴工作面前的严峻问题。

三、湘赣边革命老区推进乡村振兴战略的思路和建议

（一）在国家层面建立机制，支持湘赣边革命老区加快推进乡村振兴战略

以创建“全国革命老区乡村振兴先行区”为目标，在“湘赣边协同发展示范区”上升为国家区域协调发展战略基础上，加强双边现代农业协同发展的领导机制建设。建议由国家发展改革委牵头，农业农村部等相关部委以及湖南省、江西省参与，定期召开部省联席会议，协调解决推进乡村振兴和农业农村现代化建设重大问题，加快湘赣边革命老区乡村振兴进程。

（二）将湘赣边革命老区乡村振兴建设纳入国家“十四五”规划给予政策支持

一是享受支持原中央苏区发展的各项政策。二是在重大基础设施、生态环境保护、医疗卫生教育等方面加大定向支持力度。三是创新财政、金融、基金等投融资机制。四是加大乡村生态补偿水平，允许先行先试，探索碳汇交易、产业用地土地指标等支持国家生态功能区脱贫攻坚和乡村振兴倾斜性政策。五是支持湘赣边革命老区享受其他原中央苏区乡村发展政策，在重大基础设施建设、生态环境保护、现代农业发展等方面加大国家财政支持，将中央财政一般性转移支付收入纳入地方政府财政承受能力计算范畴，同时积极探索建立市场化融资体制机制。

（三）支持湘赣边革命老区创建“全国革命老区乡村振兴先行区”

在产业振兴方面，重点实施“革命老区新六产示范工程”，推进农业与旅游、文化、生态深度融合，大力发展科技农业、创意农业、农产品电商等新业态。实施“革命老区有机生态农产品提质工程”，挖掘生态优势。重点支持湘赣边革命老区在现代农业产业园建设、乡村特色产业、休闲农业、高标准农田建设、人居环境整治等方面实施一系列重点项目。在人才振兴方面，重点实施“革命老区农村头雁工程”，加大对村支书和村主任的培育培优力度。实施“革命老区农村致富带头人队伍建设工程”，通过产业投资基金、品牌与项目推介等支持手段，培育农村致富主力军。在文化振兴方面，重点实施“革命老区红色文化现代传承创新工程”，加强对红色文化遗产保护与利用，发挥红色节会、革命遗址、红色展馆景区文化承载作用，加快推进乡村文化站、文史馆、文化广场、农家书屋等乡村公共文化基础设施建设。在生态振兴方面，重点实施“革命老区美丽乡村建设先行区创建工程”，针对性打造一批美丽村庄、特色小镇。实施“革命老区乡村生态治理提升行动”，强化水土保持工程与污染治理体系，建立健全资源循环利用体系，推行农村生活垃圾重点治理，完善扫收运储循环，加快完善乡村环境治理长效机制。在组织振兴方面，重点实施“革命老区乡村过硬党组织建设工程”，加强农村基层党组织建设，发挥广大党员的主体作用。实施“革命老区构建现代乡村治理工程”，使乡村“三治融合”水平走在全国乡村治理前列。

（四）建立健全湘赣两省协同推进乡村振兴长效机制

根据《湘赣边区域合作示范区发展规划》，制定《湘赣边区域跨省合作推动乡村振兴工作方案》，设立乡村振兴协作推进工作小组，建立县乡两级会商制度，建立常态化的对接机制，贯彻落实联席会议确定的合作事项和项目，定期研究确定的乡村振兴重大合作事项，研讨重大协作性议题。建立部门规划衔接制度，涉及两省协作共建的乡村振兴项目须由两省共同规划、协调与认可，落实一体规划与一体建设机制。完善信息交流共享机制，完善跨区域两省乡村振兴协作机制需要建立常态化的信息共享机制，并加以制度化、规范化。强化人才交流流动制度。建立湘赣两省农业农村领域领导干部挂职锻炼与定期交流制度。加强重点人才扶持政策力度，引进乡村振兴急需人才，在湘赣边区域实行同等条件、同等待遇、同等发展、同等保障。

（五）构建湘赣边革命老区乡村振兴监测评价指标体系

根据湘赣边革命老区高质量发展总体要求，建立湘赣边革命老区乡村振兴评价指标体系。在产业兴旺方面，重点评测农业劳动生产率、粮食综合生产能力、农业科技进步贡献率、农产品加工产值与农业总产值比等指标；在生态宜居方面，重点评测村庄规划管理覆盖率、农村卫生厕所普及率、畜禽污染综合利用率、生活污水排放达标的村占比等指标；在乡风文明方面，重点评测村级综合文化中心覆盖率、县级及以上文明村镇占比、义务教育专任教师学历等指标；在治理有效方面，重点评测农村社会安全指数、基层组织建设、基本医疗及养老保险参保率等指标；在生活富裕方面，重点评测农村居民人均可支配收入、农村居民恩格尔系数、城乡居民收入差距等指标。

（六）允许湘赣边革命老区先行先试，率先进行全面深化农村改革集成创新试验

一是深化农村土地制度改革，稳步推进农村承包地“三权分置”、农村宅基地制度改革，建立健全农村承包地登记制度。二是加快集体产权制度改革，建立新型农村集体经济有效运行机制。三是统筹推进供销合作社综合改革、集体林权制度改革、国有林场改革、生态产品价值实现形式改革等重点工作，持续破除乡村振兴体制机制障碍，提升湘赣边区乡村整体发展实力。

杨维富　李曜坤　执笔

参考文献

[1] 习近平. 把乡村振兴战略作为新时代“三农”工作总抓手. 社会主义论坛，2019（7）

[2] 习近平. 在决战决胜脱贫攻坚座谈会上的讲话. 人民日报，2020-03-07

[3] 中共中央 国务院. 关于实施乡村振兴战略的意见. 中国政府网，2018-01-02

[4] 中共中央 国务院. 乡村振兴战略规划（2018—2022年）. 中国政府网，2018-09-26

[5] 姜长云. 乡村振兴战略：理论、政策与规划研究. 北京：中国财政经济出版社，2018

[6] 王景新，支晓娟. 中国乡村振兴及其地域空间重构. 南京农业大学学报（社会科学版），2018（2）

[7] 叶兴庆. 新时代中国乡村振兴战略论纲. 改革，2018（1）

[8] 樊平. 以科学范式理解乡村振兴战略. 中国农业大学学报（社会科学版），2018（3）

[9] 黄祖辉. 准确把握中国乡村振兴战略. 中国农村经济，2018（4）

[10] 廖彩荣，陈美球. 乡村振兴战略的理论逻辑、科学内涵与实现路径. 农林经济管理学报，2017（6）

专题四

湘赣边革命老区产业协同发展：现状、问题及对策

内容摘要：区域产业协同发展是落实区域协调发展战略和支撑高质量发展的重要内容。湘赣边革命老区产业关联度高、互补性强、合作基础好、发展潜力大，具有区域产业协同发展示范意义。当前湘赣边区主导产业特色鲜明，协同机制初步形成，共建活动有序开展，产业集群初具规模，园区合作取得成效，但也面临产业协同能力有待提升，产业要素支撑能力不强，产业协同机制不健全等主要问题。为促进湘赣边区产业协同发展，建议做强优势特色产业，提升区域产业竞争力，强化产业要素支撑，夯实产业协同基础，争取国家政策支持，健全协同合作机制。为支撑我国革命老区产业振兴与合作发展，推动省际区域产业协同发展提供借鉴参考。

关键词：湘赣边革命老区　产业协同　主导产业　合作机制

区域产业协同发展是落实区域协调发展战略和实现产业高质量发展的必然要求和重要体现。产业经济理论表明，通过整合区域产业要素资源，延伸拓宽跨区域的产业链和价值链，可以有效促进区域产业

转型升级，实现主导产业的跨越式发展。区域产业协同发展是指两个及以上区域由单边产业发展逐步实现区域间产业一体化，从而达到区域间经济发展双赢互惠的过程。区域产业协同发展可以促进区域间产业要素的互通共享、高效整合和优化配置，有助于通过产业的耦合效应、外溢效应、关联效应和共生效应，从而加快实现产业转型升级，推动区域经济结构调整和高质量发展。

湘赣边革命老区山水相连、人文相亲、历史相通、产业相融，产业关联度高，协同发展基础好，互通互联意愿强，具有良好的产业合作发展潜力。2018 年 11 月，中共中央、国务院《关于建立更加有效的区域协调发展新机制的意见》明确提出“支持湘赣省际交界地区合作发展”，给湘赣边区域产业协同发展带来巨大发展契机。

为支撑湘赣边革命老区高质量发展，打造省际产业协同发展示范区，总结革命老区产业协同发展经验，我们结合湘赣边区产业发展实际，立足“两个协同、四个重点”，从内部协同和外部协同两个方面，重点研究湘赣边革命老区产业能力协同、要素协同、机制协同和载体协同等问题，针对区域间产业要素融合、产业空间布局和产业链协同等，提出相关政策建议。

一、理论综述

产业协同发展理论最早源于协同理论。1971 年，联邦德国斯图加特大学教授、著名物理学家哈肯（Hermann Haken）提出协同的概念，并在 1976 年系统地论述了协同理论，发表了《协同学导论》，还著有《高等协同学》等。根据该理论，任何子系统之间的相互作用，决定了该系统的整体行为，从而形成协同效应。子系统之间通过不同方式的组合，能够发挥出这些子系统简单相加所不能达到的效果。

产业协同本质上是复杂分工网络不断发展的结果，从根本上看，产业协同发展就是要促进产业分工的细化和整合。产业协同通常要利用和发挥地区、行业及资源间的比较优势，通过纵向一体化、横向关联和产业集聚等形式，实现土地、资源、资本、市场、技术、劳动力等要素的整合。一般而言，产业协同主体包括企业、行业、政府及行业协会等多种组织，协同的内容涵盖政策、市场及各类生产要素。其中，区域产业协同是区域发展战略的重要体现，各地区政治、经济、科技、文化、环境和资源等因素都对产业协同产生作用。

迈克尔·波特较早关注了产业协同问题，他在产业组织与公司战略的研究中指出，产业在发展过程中存在融合效应和协同效应。克里斯蒂安·安托内利研究了欧洲产业协同的案例，指出高新技术产业、知识密集型产业不仅存在自身的发展，还与其他产业出现协同效应，通过对新信息技术和知识密集型产业进行分析，提出知识经济带动了技术创新并引导实现了产业协同发展。斯蒂格利茨运用产业生命周期理论和深化经济学构建了产业融合类型和产业动态演变的理论分析框架，为产业结构变化和产业协同分析提供了参考。

国内关于产业协同的实证多聚焦于京津冀、长江经济带、粤港澳大湾区等区域产业协同问题。如孙久文（2015）提出，要打破行政分割，构建京津冀协同创新共同体，以协同创新为先导，构建京津冀区域分工新格局，在协同创新共同体的基础上，形成区域产业综合发展的新局面，建立区域利益协调机制，推动生产要素在区域内的有序流动，完善京津冀交通一体化等。王建峰（2013）指出，产业转移是京津冀区域产业实现优化配置的必然选择，要进一步深化和完善京津冀产业链建设，特别是加快北京与河北、天津与河北之间产业链的构建，充分发挥各自的比较优势，建设地域分工合理、产业联系紧凑的区域产业布局，使京津冀区域更好地融入全球产业链。孙虎和乔标（2013）

认为，单一的区域发展价值取向、市场活力不足、产业承接缺少承接能力和机制保障是阻碍京津冀产业协同发展的障碍，应从建立三地增量利益共享机制、环境保护和治理以及新型产业培育等方面入手，提升京津冀产业协同发展能力。向晓梅（2018）等提出，粤港澳大湾区拥有发达的城市群和世界级海港群、空港群及高效的物流体系，产业结构互补性强，具有独特的区位优势和资源禀赋，粤港澳大湾区产业协同发展需要创新产业分工与产业链全面融合机制、协同研发与新业态共育机制以及国际国内市场双向拓展机制。

二、发展现状

湘赣边区立足区位和资源优势，发展特色产业，产业集中度不断提高，产业竞争力不断增强，成为中部经济崛起新的经济增长点。近年来，湘赣边区各级政府部门产业合作定位准、起点高、范围广、合作深，在产业基础设施互通互联、人才资源共享开发、社会资本有效利用、绿色可持续发展和公共服务一体化等方面取得很好的成效，形成如下产业发展特点。

（一）经济规模位居中游，工业发展增速较快

与全国其他革命老区相比，湘赣边区地区生产总值位居中游，提升产业总体竞争力具备条件。以江西吉安和赣州两市为例，2017 年两地地区生产总值分别为 1634 亿元和 2524 亿元（见图 1），两地固定资产投资分别为 1938 亿元和 2510 亿元（见图 2），在 7 个主要革命老区经济总量排名中位居中游。从两地经济发展程度来看，通过加强产业协同和区域经济合作，可以更好地发挥经济总量优势，提升边区产业竞争力。

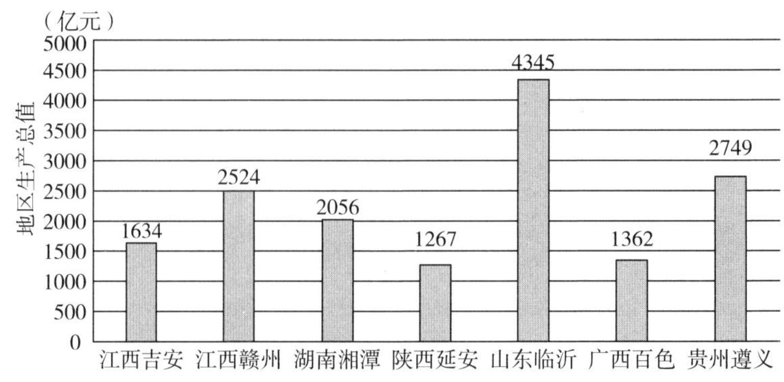

图1 全国主要革命老区地区生产总值对比情况

数据来源：根据相关城市统计年鉴数据整理。

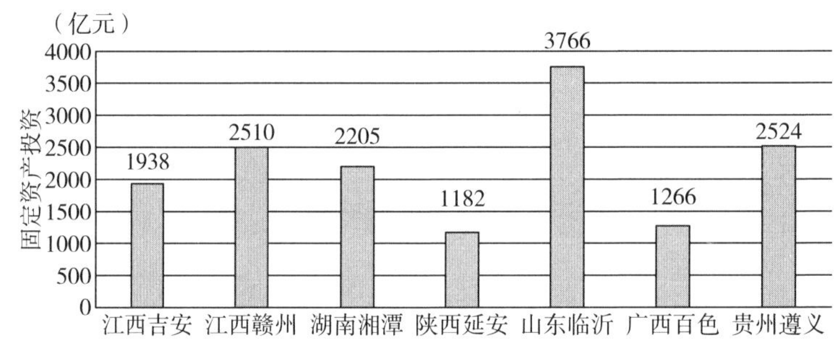

图2 全国主要革命老区固定资产投资对比情况

数据来源：根据相关城市统计年鉴数据整理。

湘赣边区产业发展势头好，从工业发展情况看，2017年，江西吉安和赣州两市的规模以上工业增加值增速分别达到9.2%和9.1%（见图3），在国内主要革命老区中位居上游。较快的工业发展速度体现了边区产业转型升级成果，也对区域间产业协同发展提出了更高的质量要求。

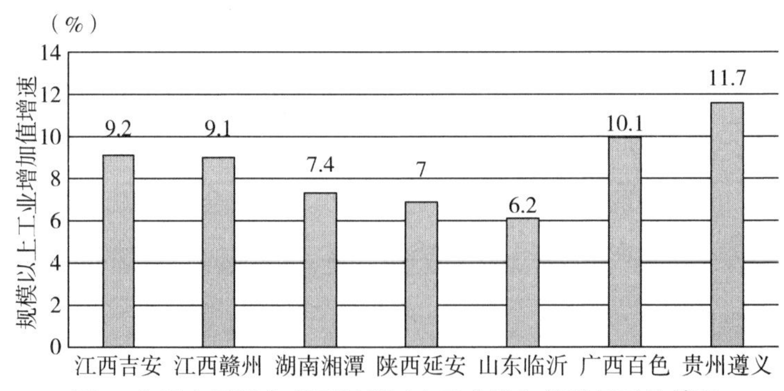

图3 全国主要革命老区规模以上工业增加值增速对比情况

数据来源：根据相关城市统计年鉴数据整理。

（二）主导产业特色鲜明，产业协同基础良好

湘赣边区传统产业特色明显，烟花鞭炮、陶瓷、中医药、茶叶等产业在全国乃至世界具有重要地位。作为革命老区，红色文化旅游资源丰富，生态自然条件得天独厚，历史文化悠久，目前已初步形成以“炮、瓷、药、茶”“红色、绿色、古色”旅游等为特色的传统产业体系。区内有中国花炮之乡、中国花卉苗木之乡、中国傩文化之乡和世界釉下五彩瓷原产地等知名产业品牌。

调研数据显示，在两省产业协同发展推动下，江西萍乡市 2018 年工业陶瓷制品产量比上年增长 3.8%，烟花鞭炮产量比上年增长 5.4%，湖南醴陵陶瓷、花炮两大传统支柱产业产值分别增长 12.5% 和 7.1%，其中，日用陶瓷增长 11.2%，工业陶瓷增长 10.4%，花炮增长 6.8%。服装行业增长 13.6%，玻璃行业下降 4%，汽配行业增长 14.8%。

近年来，湘赣边区在不断壮大传统产业的同时，孕育出一批关联度高的新兴产业。宜春、萍乡、吉安、赣州等地围绕新兴产业倍增、传统产业优化升级和新经济新动能培育“三大工程”，制订实施“2+6+N”产业高质量跨越式发展行动计划，培育出莲花特种隐形材料，先进装备制造，湘东工业陶瓷，聚焦航空、电子信息、中医药、装备制造、新能源、新材料等重点领域打造新产业高地。以江西宜春市为例，2018 年全市锂电新能源、医药、电子信息、先进装备制造业、建材、食品、纺织和化工等八大重点产业工业增加值增长 2.6%，其中，锂电新能源产业和医药产业增加值分别增长 14.9% 和 6.4%；先进装备制造业增加值增长 10.0%。

（三）三次产业均衡发展，投资规模不断扩大

近年来，湘赣边区市县产业升级步伐不断加快，产业结构持续优化，一、二、三产业布局更加合理。湘赣边区第一产业比重低，基础好，

特色农产品市场前景广阔；第二产业贡献大，实力强，传统产业品牌知名度高，新兴产业起步稳；第三产业增长快，效益好，吸纳就业和利税贡献不断提高。湘赣边区一、二、三产业齐头并进，二产、三产带动地区经济发展能力明显增强。

江西临湘地区农业比重逐渐降低，服务业成为新的增长点。以萍乡市为例，2018 年三次产业结构为 5.9 ∶ 46.5 ∶ 47.6，对经济增长的贡献率分别为 2.2%、52.0% 和 45.8%。湖南沿赣地区工业基础雄厚，二产发展优势更加突出。以盛产花炮的浏阳市为例，2018 年一、二、三产业结构为 7.1 ∶ 64.4 ∶ 28.5，三次产业对经济增长的贡献率依次为 3.6%、71.3% 和 25.1%。陶瓷重镇醴陵市 2018 年三次产业结构为 8.3 ∶ 54.8 ∶ 36.9，三次产业对经济增长的贡献率依次为 4%、63.6% 和 32.4%，工业带动经济增长势头明显（见表 1）。产业结构不断优化，为区域产业协同发展创造了良好的条件。

表1　2018年湘赣边区主要县（市、区）三次产业结构情况　单位：%

县（市、区）	第一产业	第二产业	第三产业
浏阳市	7.10	64.40	28.50
醴陵市	8.30	54.80	36.90
平江县	14.60	42.30	43.10
炎陵县	14.10	38.60	47.30
攸县	14.40	34.90	50.70
茶陵县	20.10	32.30	47.60
汝城县	18.90	32.90	48.20
萍乡市	5.90	46.50	47.60
井冈山市	7.03	25.20	67.77
芦溪县	12.20	43.60	44.20
上栗县	6.50	55.20	38.30
莲花县	15.20	44.40	40.40
上犹县	20.60	40.60	38.80

续表

县（市、区）	第一产业	第二产业	第三产业
遂川县	10.90	45.60	43.50
铜鼓县	16.20	40.90	42.90
万载县	11.24	47.14	41.62
修水县	13.10	48.20	38.70
永新县	17.60	44.30	38.10

数据来源：根据各市县最新国民经济和社会发展统计公报数据整理。

近年来，在两省共同推动下，湘赣边区产业投资规模稳步扩大，资本支撑产业发展能力不断增强。以湖南为例，2018 年浏阳市固定资产投资增长 16.7%，其中工业投资增长 15.2%；醴陵市工业投资增长率达到 41.6%。江西萍乡、赣州、井冈山三地 2018 年固定资产投资增长率分别达到 10.5%、11.3% 和 10.8%，工业投资增长率为 41.9%、19.8% 和 32.3%（见图 4）。产业投资规模的扩大，一方面增强了边区产业整体竞争力，另一方面也增强了产业协同潜力。

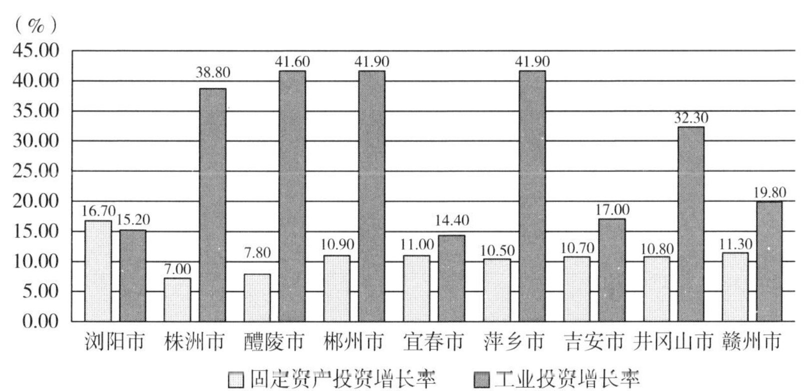

图4　湘赣边区2018年主要城市固定资产投资和工业投资增长情况

数据来源：根据相关城市2018年国民经济和社会发展统计公报数据整理。

（四）协同机制初步形成，共建活动有序开展

实现产业协同发展、良性竞争和互促共建是湘赣边区企业的共同

诉求。为落实党中央国务院关于“支持湘赣省际交界地区合作发展”的要求，湖南和江西省政府以实施长江经济带发展、中部崛起、泛珠区域合作为契机，签署《进一步推动湘赣合作框架协议》《共建湘赣开放合作试验区战略合作框架协议》等一系列合作文件，在省、市、县等多个层面初步建立了产业协同发展机制。

一是成立了湘赣边区域合作示范区建设联席会议制度，明确了会议召集人、秘书长和成员单位，明确了主要职责和工作规划，统筹协调产业发展规划，并提出在产业协同发展方面保持高密度议事协商。二是成立湘赣边区域合作办公室，统筹区域产业合作协调和日常工作，以市级层面为例，萍乡与株洲、长沙签署了《赣湘开放合作试验区战略合作框架协议》，宜春市与长沙市签订战略合作框架协议以及《湘赣边区经贸合作产业园合作协议》等。三是加强特色产业协作，湘赣边区域建立了粉末冶金、工业陶瓷、烟花爆竹等产业联盟，开展产业链合作和共同市场开拓，共同提升产业竞争力。以农产品开发为例，举办了首届湘赣边农博会，共同创建全国农产品质量安全示范区，共同打造油茶、水果、花卉苗木等绿色有机农产品品牌。

（五）产业集群初具规模，园区合作取得成效

目前，湘赣边 12 个县（市、区）均设有省级园区，赣东临湘地区围绕两省产业协同发展进行规划布局，已形成的 7 个产业集群，包括湘东工业陶瓷产业集群、湘东产业园节能环保产业集群、上栗粉末冶金产业集群、上犹玻纤及新型复合材料产业集群、万载工业园区有机食品产业集群、袁州医药产业集群、永新皮制品产业集群等。

为推动湘赣边区域合作示范区建设，江西在上栗产业园内设有赣湘合作园区，重点对接长株潭和湘赣边开放合作，园区以建设赣湘合

作发展试验田、省级产城融合示范区、赣西崛起增长极、绿色科技制造城为目标，以科技制造、高端服务和文化小镇为导向，坚持发展装备制造、电子信息、医药制造、新材料、新能源五大主导产业，打造具有产业品牌和核心竞争力的集群化产业体系，成为上栗县对接长株潭城市群的主阵地和产业转型的新引擎。

为打造赣湘合作试验区湘东园区的先行平台和湘东工业发展的全新平台，江西省实施了湘东产业园西扩工程。其渡口平台产业定位为创意包装、智能制造等，横溪平台拟联合中材高新打造“中国先进工业陶瓷产业园”，该园区十年多来，产业聚集效益不断显现。与全国83所科研院校“联姻”，建设了博士创业园，配套建设了“五中心一超市”公共服务平台，并在全国工业陶瓷领域率先建设了博士后科研工作站，在园区80%以上陶瓷企业建立了实验室。拥有国家级品牌8项、省级品牌16项，产品质量认定137项，申请国家专利100多项。园区工业陶瓷产业集群被国家科技部评为“国家工业陶瓷高新技术产业化基地”。

三、主要问题

目前，湘赣边区产业一体化程度不高，外部协同水平不高，产业要素支撑能力不强，产业发展不平衡、不充分，同质化竞争突出，交通基础设施及政策支持力度不足，产业链整合及创新能力弱，协同发展机制不健全等问题较为突出，传统产业特色具有优势但整体仍处于产业链、价值链中低端，核心竞争力不强，与发达地区差距依然明显。

（一）产业外部协同水平不高

近年来，国家出台一系列区域协调发展战略，提出加大对革命老区改革发展支持力度。湘赣边革命老区地处中部地区，北临长江经济带，东接长三角城市圈，南临粤港澳大湾区和海南自贸区，具有一定的区位优势。但是，边区尚未充分抓住中部崛起有利机遇，融入粤港澳大湾区程度不够，与长三角城市群和长江经济带的经济交往不足，需要进一步利用国家战略和政策红利，提升周边区域开放度。

从地理环境看，湘赣边区位于长江以南罗霄山片区，三面环山，北临鄱阳湖，地理位置和交通处于劣势，辐射区域有限，省会带动功能不明显，区域经济拉动能力不强，省会竞争力在全国省会中处于下游。长期以来，周边发达地区经济快速增长，在一定程度上带来“虹吸效应”，边区在资本、人才、技术、市场及政策等方面的竞争中处于不利地位。

（二）产业要素支撑能力不强

湘赣边区传统产业不断做大做强，新兴产业发展迅速，生产要素难以适应产业发展需要，土地、资金、人才、技术等关键要素支撑仍不到位，融资难、融资贵、用地难、人才缺等问题还没有得到很好解决。

一是湘赣边区土地资源充沛，但建筑用地指标不均衡，招商引资面临土地约束。浏阳、醴陵等湖南临赣市县招商引资活力强，由于用地指标及土地成本制约，一些项目难以落地。相比而言，江西临湘地区土地成本更低，用地指标充足，但在发展“飞地经济”中仍面临政策障碍，两省之间在土地开发政策方面合作空间巨大。

二是湖南、江西两省外出务工人员多，本地区劳动力供给不足，技能与产业现状难以结合，高端人才引不来、留不住，成了“人才洼地”。以中医药人才为例，江西在食品和中医药方面有一定人才基础，但由于湘赣边区经济条件落后，一些医药行业专业技术人才流向东部发达地区。

三是产业基础设施配套能力不足。新中国成立以来，国家级交通援建项目和铁路主干线少，多个中心城市圈未能辐射边区，融入中部崛起和珠三角开发深度不够，高铁、高速公路和机场等交通基础设施建设相对滞后。由于地方经济基础薄弱，地方财政困难，对基础设施投入不足，路网建设对财政转移支付的依赖性强。

以目前贯穿两省的“两纵六横”高速公路为例，公路等级不匹配，车道对接标准不一致，“断头路”“单车道”“县道乡道”还比较多。高速公路的投资大，社会融资多，边区由于欠发达，民间投资吸引力弱，沪昆高速扩容后，四车道远不能满足经济发展要求。边区农村公路发展滞后，省道、县道常年失修、等级低、路况差。水路交通方面，萍水和渌水航路至今仍不通航。

目前，纵向发达、横向不足、省内畅通、省际闭塞的交通现状，严重制约边区产业发展，湘赣边区对人、财、物的吸引力不足，难以发挥比较优势和释放旅游红利。铁路公路不通畅，物流成本高，阻碍了农产品走出去，不利于招商引资，也不利于营造良好的产业发展环境。

（三）产业同构同质竞争无序

一是湘赣边区产业发展不平衡、不充分是制约当前省际区域经济合作的主要障碍。产业发展不平衡表现在湖南、江西两省边区市县经济发展不平衡。湖南沿赣地区毗邻长株潭经济圈，交通便利，工业基础好，经济实力强，其中，浏阳市和醴陵市分别位居 2019 年全国百强县第14位和第55位，人均地区生产总值在区域内位居前列。江西沿湘市县多坐落于罗霄山脉，隶属原中央苏区，工业基础相对薄弱，莲花、上犹等属于国家扶贫开发工作重点县。

产业发展不充分表现在新兴高端产业起步晚，湘赣边区产业形态中，节能环保、新兴信息产业、生物医药、新能源、新能源汽车、高端装备制造业和新材料等新兴产业发展基础相对薄弱，在资金投入、人才、技术创新及产业集聚水平方面仍存在很多短板，产业要素支撑能力不足。

二是产业同质严重，特色分工不明显。以陶瓷产业为例，湖南醴陵和江西湘东区的陶瓷产业都形成了集聚和品牌效应，但两地陶瓷都以日用陶瓷为主，主打釉下花瓷，品种和工艺近似。湖南浏阳、醴陵、江西上栗烟花爆竹产业，江西万载、永新及湖南桂东、安仁中药材产业，江西修水、湖南茶陵的茶叶产业等，均存在不同程度的产业同质化现象。

三是区域内、行业内存在无序竞争。以湘东产业园区为例，两地企业竞争多于合作，零和博弈思维突出，合作意识不强。在珠三角、长三角企业向中部转移投资及选址过程中，为争取优惠政策，两地互为谈判砝码，无序竞争时有发生。两地企业多采用薄利多销的商业模式，在供应链、销售链、产品链等多个维度竞争，资源和价格竞争非常激烈。湘赣边区经济结构中存在产业同质化和雷同度高、重复建设和无序竞争多、合作共赢意识不强等问题，成为边区两省市县产业协同发展重要制约因素。

（四）产业协同发展机制不健全

湘赣边区已经初步形成产业协同发展机制，但在合作层次、工作机制、部门联动等方面，还存在统筹能力不强、机制不健全、落实不到位、执行力度不够等问题。目前，湘赣省级联席会议在定方向、定思路、定目标方面发挥了较好的作用，但其他配套工作机制还十分欠缺，地方和企业的一些实际困难得不到解决，一些突出问题得不到及时协调和处理。

课题组调研发现，湘赣边区联席会议一年开两次会不能解决突出问题，尤其对于一些项目，利益趋同则合作深入，利益相悖则合作迟缓，缺少能落地的实招。以红色资源的保护开发和利用为例，涉及组织、宣传、发改、财政、文化、住建甚至部队等部门，部门之间职能缺乏协同，制约了旅游产业的综合开发利用。

湘赣边区人民在产业发展方面有强烈的政策诉求，两地政府部门均反映，目前省际产业合作只能停留在市县层面，在产业规划、基础设施建设及资源共享互通方面，缺乏国家层面的顶层设计和明确的政策支持，导致地区间、部门间及企业间协同力度不够，产业要素整合效果不明显。

由于历史和地理方面的原因，湘赣边区长期以来为革命建设、生态保护等做出巨大贡献，现代产业先天不足，产业支撑要素匮乏，有群众曾反映“湘赣边区革命战争年代献人头、计划经济时代砍木头、市场经济时期吃苦头”。创建湘赣边区产业示范区涉及的湘赣两省多个部委，希望将边区产业协同发展上升到国家层面，从规划、试点示范、交通、政策等方面予以指导和支持。有部门提出，希望国家加大对边区的政策扶持力度，统筹区域政策和产业政策，明确湘赣边区 24 个县（市、区）同等享受赣南原中央苏区政策，支持交通、基础设施建设等纳入国家发展“十四五”规划等。

（五）产业链延伸发展不到位

湘赣边区主导产业具备一定的产业配套能力和要素基础，但产业链位于中低端、上下延伸不够、产品附加值不高、研发投入不足、技术创新能力弱、产业竞争力不强等问题仍很突出。以陶瓷产业为例，边区陶瓷企业众多，产量具有规模特征，但很多产品仍停留在中低档次水平，工艺水平相对落后，品牌知名度不高，产品价格和附加值低，企业长期处于微利甚至亏损状态。边区红色旅游资源丰富，但革命遗址整合不到位，存在小而散、多而旧、分布广、精品少等问题，红色文化产业开发水平相对滞后。

在产业转型升级过程中，边区主导产业和新兴产业布局分散，集中度低，垂直一体化和横向一体化仍有较大空间。目前，电子信息、新材料、生物医药、机械制造等新兴产业的集聚特征不明显，要素资源整合力度不够，产业链尚存短板。与传统产业不同，新兴产业从发育到成熟，尤其需要发挥政府的扶持引导作用，在国内外市场竞争日趋激烈的背景下，边区政府部门在招商引资、技术创新、公共服务、产业规划及产业园开发等方面仍需加大力度。

四、基本路径

深入贯彻中共十九大和习近平新时代中国特色社会主义思想，落实区域协调发展战略、可持续发展战略和创新驱动发展战略，坚持创新、协调、绿色、开放、共享的新发展理念，立足湘赣边革命老区产业发展实际，以边区特色优势产业为引领，推进产业链、创新链和价值链协同，加快构建湘赣边区产业协同联盟和产业共同体，增强湘赣边区产业品牌影响力，带动形成边区新兴产业协作发展集群，为推动湘赣边革命老区高质量发展提供坚实支撑。

加快湘赣边区产业一体化发展，基本路径是体现“两个协同”、发展“四个重点”和落实“三个提升”。体现“两个协同”，即实现湘赣边区产业内部协同和外部协同发展有机结合。发展“四个重点”，即培育产业支撑要素、增强产业基础能力、完善产业协同机制和发展产业集聚平台。落实“三个提升”包括：提升产业资源协同水平，加强在人力资源、招商引资、商贸物流等方面的协调合作，致力丁构建湘赣边一体化的人才市场、商贸市场、资本市场体系；提升产业政策协同水平，共同争取国家、湘赣两省重大基础设施、环境保护、产业发展、示范试点等项目和政策向湘赣边县域城市倾斜，全面提升湘赣边开放型经济发展水平；提升主导产业协同水平，充分发挥湘赣边独特的产业优势，以旅游、花炮产业为重点，深化市场拓展、科技研发、品牌营销等方面的交流合作，努力繁荣区域经济。

通过整合各类产业要素资源，加快湘赣边区产业发展基础设施建设，推动产业链上下游深度融合，加大对边区产业协同政策支持力度，健全产业协同发展机制，实现边区人才、资本、技术、信息和市场共享，提升边区内部产业协同发展水平。促进边区产业抱团发展，打造边区产业公用品牌，适应国家区域发展、“一带一路”和自贸区开发等战略，联合开发国内外市场，加强与京津冀、长三角城市群、粤港澳大湾区、海南自贸区等区域经济交流合作，提高边区产业协同发展竞争力和影响力。

五、政策建议

推动湘赣边区产业高质量发展，应加强区域间产业要素对接合作，在技术创新、招商引资、商贸物流、人力资源、土地开发等方面，促进要素市场一体化和产业协同发展，构建信息共享平台，创新探索边区合作协调机制。

（一）加强边区产业合作　整体融入区域战略

湖南、江西两省与广东省毗邻，是离粤港澳大湾区最近的腹地，是泛珠三角区域合作“9+2”重要成员。郴州、株洲、赣州等地是连接“一带一路”的重要节点城市。实现“高质量跨越式发展”首要战略，湘赣边区应充分发挥自身比较优势，牢牢把握粤港澳大湾区建设的历史机遇，特别是把握好粤港澳大湾区强化产业协同、创新合作和打造优质生活圈等方面机遇，加快对接融合和互联互通，推动产业升级和动能转换，推进先行先试和机制再造。

积极“南下”“东进”，全面对接粤港澳大湾区、海南自贸港、海西经济区和长三角一体化发展，将湘赣边区打造成产业梯度转移承接示范区，建成湘赣粤开放合作高地和融入粤港澳大湾区的桥头堡。依托产业合作平台，积极鼓励与粤港澳大湾区合作发展“飞地经济”，以产业对接融入为重点，推动产业合作转型升级，探索企业创新引资模式，支持边区企业赴粤港澳大湾区上市、发债和再融资，将粤港澳的金融优势与边区的市场资源结合起来，把资金、技术、项目吸引到边区。

（二）强化产业支撑体系　实现产业绿色发展

一是积极吸引各类投资，加强产业配套基础设施建设。争取中央财政转移支付资金进一步向示范区倾斜，加大对示范区信贷支持力度，支持示范区设立区域合作发展基金，探索建立示范区市场化融资机制。

对重大项目优先列入省重点项目，争取中央预算内投资、产业基金和 PPP 模式的支持。针对红色旅游开发项目，争取国家财政支持，加大对非物质文化遗产和革命遗址的保护力度。取消或减少公益性项目的地方财政配套，健全基础设施建设融资机制，积极吸引各类社会投资，缓解地方财政资金不足，加大对革命老区高铁、高速公路及机场等基础设施的投入。

二是有效开发人力资源，以创新引领产业转型。建立区域发展人才联盟，完善社保转移接续机制，实现人才评价互通互认和人才有序流动。通过校际合作、挂职交流、联合培养、人才信息共享等方式，构建边区人才服务平台，实现高端人才共引、急需人才共育、领军人才共用、发展经验共享，推动人力资源市场一体化。加快制定发布江西和湖南人才紧缺目录，以产业需求推动人才供给侧改革，提高产业人才供求匹配精准度。加大湘赣边区教育投入，支持企业联合办学和订单式培养人才，落实就业培训补贴政策，提高边区劳动者技能素质。以人才引领产业创新发展，针对高级经营管理人才、科技人才和大国工匠等制定特殊政策，使人才引得来、留得住、用得好。

三是贯彻绿色发展理念，合理开发自然资源。生态基础好，自然资源丰富是湘赣边区得天独厚的优势。湘赣边区域 12 个县（市、区）生态条件良好，平均森林覆盖率在 67% 以上，是长株潭城市群、鄱阳湖生态经济区区域中湘江、赣江等主要水系的源头所在地。边区产业高质量发展，尤其要保护好生态，合理开发资源，实现绿色发展。严把市场准入关，对高科技、低排放、环保型项目积极引入，杜绝和防止落后、过剩和“两高一资”（高耗能、高污染、资源性）产能项目准入。加强区域生态环境保护合作，强化生态保护预防措施，建立执法联动机制和联合打击、淘汰落后产能机制，严格控制区域污染物排放总量，建立危险废物利用处置区域合作机制，加速打造湘赣边区域生态经济带。

（三）争取国家政策支持　健全协同合作机制

一是争取国家政策支持。以两省省委省政府高位推动为基础，争取将湘赣边区协同发展上升到国家区域发展战略。参照国家西部大开发政策，《长江中游城市群发展规划》《长江经济带发展规划》《促进中部地区崛起“十三五”规划》《赣闽粤原中央苏区振兴发展规划》《2018 推动中部地区崛起工作要点》等，结合湘赣革命老区的发展实际和政策诉求，尽快批复《湘赣边区区域合作示范区发展规划》，并争取将边区沿线高铁纳入国家铁路“十四五”规划。以落实《湘赣两省战略合作框架协议》为契机，共同编制产业发展规划，建立多层次合作机制，推动《赣闽粤原中央苏区振兴发展规划》政策普及至全区，实现政策资源共享。

二是健全协同工作机制。建立健全湘赣边区产业发展协同领导机构，增设部门机构编制，落实省际联席会议精神，探索成立湘赣开放合作试验区管理委员会和合作开发投资公司，加快产业园区市场化运营。进一步完善省际联席会议配套机制，立足省、市、县全方位合作思路，分项目、工程和活动，具体落实省际联席会议要求，将产业协同落到实处。

三是合作开发产品市场，共建地域联合品牌。以红色旅游为例，基于两省红色旅游资源，共同开发湘赣红色旅游智慧平台，打造湘赣边区区域革命文化遗址保护工程。深入挖掘革命故事，打好红色文化品牌，提升区域文化竞争力。注重优势产业深入融合，关联产业抱团发展，组团到国内外开展招商活动，推广湘赣边区品牌。共同开发海外消费市场，以“一带一路”“自贸区”等为机遇，扶持产能过剩行业出口。建立政府、行业、企业多主体沟通交流机制，促进边区企业加强人才、技术、产品及品牌合作。

在工业产业上，加快推进赣西与湘东的横向对接和市场协作，在原料采购、物流配送、产品展示等方面实现优势互补，发挥规模效益，延伸产业链条。在农业产业上，发挥生态资源优势，保持现代农业示范科技园和绿色食品加工产业方面的聚集带动作用，依托湘赣边区域各县（市、区）的农业产业特色，建立稳定的销售链。

（四）做强优势特色产业　提升产业总体竞争力

改造提升烟花鞭炮、陶瓷玻璃、冶金材料等传统产业，发展壮大电子电器、现代医药、新型材料、新能源汽车、海绵产业等战略性新兴产业，做强做优文化旅游、绿色食品等特色产业，围绕行业龙头企业，推动产业转型升级。

一是发挥区域比较优势，做强湘赣边区特色产业，改造提升红色旅游、烟花鞭炮、陶瓷玻璃、冶金材料等传统产业。

大力发展旅游产业。突出红色资源丰富的比较优势，以创建全国红色文化示范区为定位，打造“红色、绿色、古色”旅游产业链，完善基础设施配套，举办红色旅游活动，提升红色文化影响力。以罗霄山片区为开发重点，打造一批精品旅游线路。以湘赣边区农博会为平台，实现乡村旅游和特色农产品开发有机融合。以红色革命文化、花炮文化、炎帝神农文化、客家文化为开发重点，加大宣传力度，统一文化品牌。

创新发展烟花鞭炮产业。立足现有优势，重新定位，提升改造现代烟花鞭炮产业，扶持一批龙头企业，由加工制造向花炮文化产业转型。以浏阳、醴陵、上栗、万载等县（市、区）烟花鞭炮产业为基础，制定行业标准，规范产业秩序，促进良性竞争，实现共同发展。

升级改造陶瓷玻璃产业。保持当前陶瓷、玻璃规模化生产优势，进一步延长产业链条，加大技术和工艺创新力度，开发艺术、环保、功能陶瓷，发展太阳能、绿色建材、汽车及特种玻璃，提升品牌知名度，提高产品附加值。

提升冶金材料创新水平。引进新技术、开发新产品、提高零部件配套能力，提高对轨道交通、重型载重汽车、冶金重型和专用机械等装备需求的定制配套能力，加快发展装配式建筑材料、高端玻璃、云母制品。

二是发挥后发优势，培育新产业新业态。发展壮大电子电器、现代医药、新型材料、新能源汽车、海绵产业等战略性新兴产业。推动新经济新动能快速成长，深入实施“互联网 +”行动计划，出台加快湘赣边区物联网建设的实施意见，在革命老区率先探索推广 5G 技术应用，发挥后发优势，实现信息技术跨越式发展。

发展大健康产业，立足湘赣边区医药资源丰富、生态宜人、山清水秀的优势，发展大健康大医养产业，加快开发融休闲养老、健康养护、度假休闲为一体的健康服务产业。培育电子信息产业，发展超级计算机、新型显示集成电路、应用电子、智能家电、北斗导航等先进制造业。提升生物医药产业竞争力，如樟树国家生物产业基地，浏阳、樟树、安仁、桂东、万载等优质药材种植加工基地，野生中药材保护基地，实现长株潭、昌九赣医疗资源共建共享和组团发展，合作建立中医药研究中心与联合实验室，加快中药工业绿色智能升级。加快高端装备制造业发展，通过税收、土地等优惠政策，加大引资引智力度，加快新能源汽车、汽车零部件制造及工程机械零部件产业链发展。发展现代农产品产业，改造大米、黄桃、油菜、油茶、茶叶、食用菌、蔬果、竹木、中药材、家禽、水产等农产品营销模式，运用现代冷链和物流技术，提高农产品附加值。推进现代物流业协同发展，统筹规划区域内物流节点，构建以浏阳、醴陵、湘东、上栗、茶陵等县（市、区）为枢纽的现代物流体系，破解区域内交通运输瓶颈，建立区域性综合商贸物流中心、物流服务平台和现代物流枢纽。大力发展绿色低碳产业，深化区域内资源循环利用，促进可持续发展良性循环。

（五）深化产业分工　加快产业集聚和园区发展

一是深化产业链协同，提升产业分工合作水平。针对产业同质同构和重复建设现象，加强产业集聚和资源整合，增强区域联动意识、共赢意识，突出差异化和特色化，在竞争合作中细化分工、互促互进、找准特色、错位补位、共兴共荣，实现资源要素对接对流，推动优势互补，实现良性竞争，以创新带动区域产业转型升级，提升产业整体竞争力。

以产业政策和市场需求为导向，引导政府投资，吸引社会资本，支持一批具备自主知识产权、效益好、规模大的产业项目。依托边区工业园建设，围绕行业龙头企业，推动产学研用联盟建设，建设优势产业集聚区。加强产业链纵向一体化水平，促进产业上中下游联系和合作，优化并延长传统优势产业链，联合制定行业技术标准，规范企业经营行为，共同维护竞争秩序，实现良性协同发展。

二是加强产业集聚，优化产业空间布局。根据中央“支持湘赣等省际交界地区合作发展”的精神，整合两省产业园区的优势，积极鼓励支持边区各县开展差异化发展，功能互补，联手招商，开展产业项目推介和投资促进活动，推进新兴产业投资。实施一批“湘赣边区产业联盟”项目，通过地域跨界、产业跨界、平台跨界、品牌跨界，广泛聚合资源、放大优势、聚焦眼球、形成亮点，共同打造“产业共融、资源互通、优势借力、互为外环”的湘赣边产业协同经济带。

发挥区域资源禀赋和产业发展优势，形成4个区域产业合作经济圈：一是平江—修水—铜鼓—万载—袁州—浏阳区域产业合作经济圈，二是浏阳—上栗—醴陵—万载—袁州—永新区域产业合作经济圈，三是醴陵—湘东—攸县—茶陵—炎陵—井冈山区域产业合作经济圈，四是永新—茶陵—炎陵—安仁—莲花—遂川—桂东—宜章—汝城—崇义—上犹区域产业合作经济圈。通过加强区域分工协作，加快形成优势互补、互利共赢、特色鲜明的现代产业体系，提升区域产业竞争力。

加强基础设施和产业集聚区建设，借外力促发展，改善投资环境。促推长株潭经济板块向赣西辐射，积极承接珠江三角洲、长江三角洲地区以及海峡西岸经济区和周边城市产业转移。坚持市场导向，加强规划统筹，促进产业发展与资源环境相协调、与扶贫开发相结合，推动区域经济又好又快发展。

三是推进重点产业园区开发。在湘赣边界地区规划两省共建一批优势产业集聚区，打造省际产业协同发展示范区和赣湘边经贸合作产业园，优化园区布局，推进一区两园建设（工业集中区、中小企业创业园、高新技术产业园）。建立完善资源循环利用体系，以各级开发区和产业园区为载体，打造企业间、园区间资源循环利用产业链和产业合作经济圈，夯实产业园区发展平台，鼓励发展循环经济联合体。

探索建立产业互补、项目共建、利益共享机制，推进区域技术创新中心、重点实验室、众创空间等创新创业平台建设，完善园区公共服务体系。在用地、金融、人才等方面，探索实施体制机制改革，保障园区要素供给，助推园区发展。支持示范区与发达省区市、园区共建“飞地园区”，探索建立优势互补、要素共享、收益分成的园区建管运营新模式，提升产业集聚力和园区管理运营水平。

总体而言，湘赣边区产业合作基础较好，优势日益突出，旅游业和特色农产品生产加工业逐渐形成品牌，投资环境明显改善，各类产业集聚区加快建设，物流等配套服务能力逐步提高，承接产业转移进程明显加快，产业合作意愿增强，县域经济活力迸发，产业集聚和辐射带动能力提升，具备广阔的产业发展前景。

李建伟 赵 峥 钱 诚 执笔

参考文献

[1] 赫尔曼·哈肯著，凌复华译. 协同学——大自然构成的奥秘. 上海：复旦大学出版社，2014

[2] 孙久文，姚鹏. 京津冀产业空间转移、地区专业化与协同发展——基于新经济地理学的分析框架. “南开学报”（哲学社会科学版），2015（1）：81–89

[3] 孙虎，乔标. 京津冀产业协同发展的问题与建议. 中国软科学，2015（7）：68–74

[4] 王建峰，卢燕. 京津冀区域产业转移综合效应实证研究. 河北经贸大学学报，2013（1）：81–84

[5] 向晓梅，杨娟 .粤港澳大湾区产业协同发展的机制和模式. 华南师范大学学报（社会科学版），2018（2）：35–42

[6] M. Porter. Industrial Organization and the Evolution of Concepts for Strategic Planning: The New Learning. In Corporate Strategy: The Integration of Corporation Planning Models and Economics, edited by T. H. Taylor. Amsterdam: North–Holland Publishing Company, 1982

[7] C. Antonelli. Localized technological change, new information technology and the knowledge–based economy: the European evidence . Evolutionary Economics, 1998:177–198

[8] N. Stieglitz. Industry dynamics and types of market convergence. Paper to be presented at the DRUID Summit Conference on Industrial Dynamics of the New and Old Economy–who is embracing whom? Copenhagen Elsinore，2002： 1–6

专题五

湘赣边革命老区红色文化传承与利用问题研究

内容摘要： 湘赣边革命老区是红色文化资源富集区，红色文化资源品位极高、类型多样、集中连片、组合良好，在传承发扬我国革命文化的战略举措中具有举足轻重的地位。近年来，边区红色文化资源保护有力有效，文化研究成果丰硕，革命教育成效明显，红色旅游加快发展，为推动区域高质量发展奠定了一定基础，但在文化资源保护、文旅产品开发、区域协同发力等方面还存在一些问题。建议从保护、规划、建设、管理、经营等方面入手加强总体谋划和统筹推动，坚持"保护第一、合理开发，'三色'融合、彰显特色，重点突破、统筹推进"三项原则，实施"资政育人、品牌提升、文旅融合、协同推进"四项工程，强化"基础设施、平台建设、项目支撑、要素保障、体制机制"五项措施，加强边区红色文化保护传承与利用，推动湘赣边革命老区高质量发展。

关键词： 湘赣边　红色文化　传承利用

红色文化，既是中国共产党组织和党员永葆本色的遗传因子，又是广大干部群众艰苦奋斗的精神力量，还是革命老区脱贫致富、实现高质量发展的优势资源。习近平总书记强调，要把红色资源利用好、红色传统发扬好、红色基因传承好，让革命事业薪火相传、血脉永续。湘赣边区是红色文化资源的富集区，把这笔宝贵财富转化为全党永怀赤子之心、永葆奋斗激情的动力，转化为湘赣边区高质量发展的力量，其作用不可替代，尤其是在认识把握中华民族伟大复兴的战略全局、世界百年未有之大变局“两个大局”中进一步传承红色文化，在贯彻区域协调发展决策部署中进一步用好红色文化，在决胜脱贫攻坚、推进乡村振兴关键时期进一步弘扬红色文化，尤显重要和紧迫，搞好湘赣边革命老区红色文化传承利用必须有为、大有可为。

一、红色文化资源及传承利用情况

湘赣边革命老区红色文化、历史文化、民俗文化、生态文化并存，有 70 多项重点人文景观、全国重点文物保护单位、中国历史文化名村等，孕育了炎帝、佛教、道教、心学、理学、古代商业等文化，拥有绘画、花鼓戏、傩戏、山歌、灯彩、木雕、烟花、陶瓷等传统文化技艺，两省交界的罗霄山脉串联起 20 多个 AAAA 级以上景区，井冈山、明月山、武功山、神农谷等景区深受游客热捧。特别是该地区红色文化资源丰厚，归纳起来有四个特点。一是品位极高。湘赣边革命老区在中国革命史上具有重要的历史地位，是全国红色资源核心聚集区，其中的井冈山革命根据地是中国革命第一个农村革命根据地，是中国共产党工作重心由城市向农村战略转移的成功典范，有一大批国家级、省级红色资源品牌，是资政育人的红色沃土。二是类型多样。在这块红色土地上，见证了井冈山革命根据地的创建和中国工农红军的发展，牺牲的烈士就达 30 万人左右，谱写了可歌可泣的英雄史诗，拥有众多的遗迹、遗址、遗物等物质资源，有大量的文献、影像、歌曲、标语等信息资源，有井冈山精神、“第一军规”“半条被子”和无数革命事迹等精神资源，是新时代传承红色基因的资源宝库。三是集中连片。湘赣边革命老区涉及两省 24 个县（市、区），秋收起义、平江起义、文家市决策、三湾改编、井冈山斗争等重大历史事件发生在这里，集中连片散布了众多红色资源，且地理相互衔接，交通四通八达，有 7 条高速公路联通，红色文化资源连点成线、连线成面的格局基本形成，为湘赣边区两地联动、城乡融合、协调发展奠定了良好基础。四是组合良好。湘赣边集红色沃土、厚重历史、多彩风情、绿色山川于一体，既有炎帝陵寝、醴陵瓷都的千年古蕴，又有吴疆楚域、鱼乡米仓的源远流长，更有“江西山水真吾邦”“芙蓉国里尽朝晖”的钟灵毓秀，历史人文、自然山水交相辉映、相得益彰，为红色文化传承和利用提供了业态上的多元支持，为丰富旅游产品多样性提供了基础，增强红色文化传承的吸引力、感染力大有文章可做，推动高质量发展的资源潜力巨大（见表 1）。

表1　湘赣边区红色精品旅游线路汇总

序号	红色精品旅游线路
1	井冈山革命遗址—永新三湾改编旧址群—茶陵工农兵政府旧址—炎陵红军标语博物馆—桂东名人故居—汝城湘南起义纪念馆
2	宜章邓中夏故居—汝城沙洲村—桂东党性教育基地—炎陵水口连队建党遗址群—安仁潭湾会议旧址—茶陵红军纪念园—永新湘赣省委旧址—井冈山革命遗址
3	汝城湘南起义纪念馆—桂东军规广场—炎陵红军标语博物馆—茶陵中共茶陵县委旧址—永新牛田红六军团长征始发地—井冈山革命遗址—上犹大石门革命旧址群

续表

序号	红色精品旅游线路
4	浏阳秋收起义一线九馆—永新名人故居—炎陵九峰坳保卫战遗址—桂东党性教育基地—汝城中央红军突破封锁线纪念碑—崇义上堡整训旧址
5	修水工农革命军第一军第一师师部旧址—平江起义旧址—浏阳中共湘鄂赣省第一次党代会旧址—万载湘鄂赣苏维埃旧址—上栗斑竹山起义旧址—莲花一枝枪纪念馆—醴陵名人故居—攸县漕泊东冲兵工厂—安仁苏维埃政府旧址—轿顶屋—茶陵湖口挽澜遗址—井冈山革命遗址—永新县湘赣革命根据地旧址群
6	平江中共平江县委旧址—修水湘鄂赣省委旧址—浏阳秋收起义上坪会议旧址—万载湘鄂赣苏维埃旧址—铜鼓秋收起义前敌委员会旧址
7	浏阳红十六军兵工厂旧址—上栗萍浏醴起义旧址—醴陵湖南农民运动醴陵纪念馆—湘东凯丰故居旧址—攸县漕泊东冲兵工厂—莲花列宁学校—茶陵九渡冲战斗遗址—卢古祠—炎陵红四方面军“沔渡会议”旧址张家祠—永新龙源口大捷旧址—遂川列宁小学旧址—井冈山革命遗址
8	崇义—汝城—炎陵—桂东—井冈山为主线的“赣南三整”传承带红色旅游精品线路
9	浏阳—萍乡—莲花—茶陵（湖口挽澜）—炎陵—井冈山“挥师井冈”红色旅游线路

湘赣边革命老区高度重视红色文化保护传承，取得了显著成效，主要表现在四个方面。一是资源保护有力有效。湘赣边革命老区高度重视红色资源保护，建立健全红色资源保护的政策措施和机制体制，在资源管理、经费投入、技术支撑、人员配备等方面提供有力保障，政府主导、部门协作、社会参与的红色文化保护传承格局正在形成。坚持保护优先、合理开发，对区域内红色资源进行了排查摸底，引进先进理念和战略投资者，加强革命遗址、纪念设施、旅游景区的规划保护修缮管理，推动了有形文物的保护和无形文化的传承，打造了一批红色文化品牌。二是文化研究成果丰硕。在史料发掘、精神提炼、成果转化等方面做了大量富有成效的工作，形成了《中国共产党湖南

历史》《〈中国共产党江西历史〉第一卷（1921—1949）》《〈中共江西地方史〉第一卷》《井冈山革命根据地》《湘赣革命根据地》等上百部中国革命历史著作，成为中共党史的重要文献，为资政育人、促进发展发挥了重要作用，推动了红色文化产业蓬勃发展，并转化成一大批影视、文学、画册、红歌等精品力作，提高了红色文化资源的知晓度、美誉度和社会关注度，使光荣革命历史和优良革命传统薪火相传。三是革命教育成效明显。大力弘扬红色文化、传承革命精神，成功打造了一批享誉全国、蜚声海内外的红色文化纪念馆所、教育基地、培训中心，为革命教育提供了平台、拓宽了渠道、丰富了形式，推动形成了传承红色文化、讲好红色故事、开展红色教育的浓厚氛围。近年来，湖南结合时代特点，实施了一系列红色工程，成功挖掘、转化、推出了一批市场占有率高的红色主题创意产品，成为红色基因传承的成功典范；江西借力新技术、新媒体，推进了一批红色文化展示项目，开发了一批红色文化旅游产品，让红色文化活起来、传开来，在创新传播手段打造红色品牌上探索了有效措施。四是红色旅游稳步推进。积极探索红色文化优势转化成经济优势的方法和路径，推动红色文化与历史文化、民俗文化、生态文化融合发展，基本形成了以井冈山为标杆辐射带动周边的红色文化旅游业大格局，并精心打造了秋收起义、平江起义等旅游精品线路，催生了红色教育培训、旅游观光、生活体验等多种旅游业态，有力助推了群众脱贫致富。两省积极对接国家战略，签署了湘赣边红色文化旅游合作框架协议，在交通互联互通、产业协同振兴、资源服务共享、生态环境共治、红色文化保护传承等领域开展了初步合作，发展潜力巨大、前景可期。

二、红色文化传承利用存在的主要问题

（一）保护发掘还需深入

一是中共党史研究方式方法有待优化。中共党史研究部门人才资源有限，中共党史研究缺乏科学谋划布局，资料收集欠全面欠扎实，视角和手段创新不够，理论与方法借鉴不足，在总结历史经验、揭示发展规律上问题意识不强、研究视野不宽，以科学理性的分析解决现实问题能力有待加强，导致可资借鉴的研究成果不够多。二是红色资源收集整理有待加强。部分地方政府和部门保护革命遗址、抢救“活资料”的责任感、紧迫感不强，革命遗址因年久失修而损毁或因城市建设被拆除等现象较为严重（见表2），抢救遗址文物、征集整理口述史料迫在眉睫。资料征集中去粗取精、去伪存真实效不够，广泛征集与重点征集结合不够，集中人、财、物用于急需重要材料、突破重点难点问题还有欠缺，有关职能部门、社会力量相互协调合作有待加强。三是革命精神提炼、归纳还有欠缺。对井冈山精神、苏区精神、长征精神等旗帜性、代表性精神成果的理论内涵、新时代价值挖掘提炼不够全面，对一些红色故事、英烈事迹的价值分析、党性剖析等不够深刻，有笼而统之、广而泛之现象。四是成果转化、资政育人成效有待提高。用伟大革命成就激励人、用优良革命传统教育人、用革命成功经验启迪人、用革命历史教训警示人做得不够，许多干部群众对红色历史、先烈事迹知之不详，思想认同、情感认同不够深刻，以史鉴今、资政育人需进一步加强。

表2 湘赣边区湖南10县（市、区）革命遗址保护利用情况统计

所在县（市、区）名称	革命遗址总数（个）	类别						保护级别（文物保护单位）					利用级别（爱国主义教育基地）				
		重要历史事件和重要机构旧址（个）	重要历史事件和人物活动纪念地（个）	革命领导人故居（个）	烈士墓（个）	纪念设施（个）	损毁遗址（个）	国家级（个）	省级（个）	市级（个）	县级（个）	未定（个）	国家级（个）	省级（个）	市级（个）	县级（个）	未定（个）
平江	100	7	14	33	7	7	32	2	10		14	74	1	1	6	1	91
浏阳	108	25	6	31	28	18	135	4	20	5	24	190	2	2	5	9	
醴陵	34	3	6	18	2	5		2	5		2	25			2	5	27
攸县	18	5	1	5	1	6			3	2		13			1	7	10
茶陵	55	12	12	25	3	3		1	3	3		48		1	1	3	50
炎陵	52	17	18	8	6	4		1	6	11	4	30	1	2	2		47
安仁	18	2	5	1		1	9	1	2	1	2				1	2	
桂东	19		10	2		4	3		9	1			1		2		
汝城	43	15	10	9	1	4	4	3	19	1	10				3	9	
宜章	26	3	9	10	2	2		6	7	5	8		1	1	2	21	
合计	473	89	91	142	50	54	183	20	84	29	64	380	6	7	25	57	225

（二）产品开发还需完善

一是产业化水平有待提升。湘赣边区域各县（市、区）山水相连、地缘相近、人文相亲，但类似的地形地貌、资源优势、生产生活习惯等也伴随着较为严重的产业同构现象，地区之间特色区分不明显，难以实现区域性分工合作，需要靠提升产业化水平，实现产品差异化来解决。二是新业态发展还需加快。边区对包括红色文化资源在内的综合资源开发利用的层次较低、创新不足，加之产业基础较弱、专业人才匮乏、财力整合与政策优化不够，区域特色产业“共享、共融、共建”力度不足、程度不深，红色文化旅游新业态发展速度不快、规模不大、品目不多。三是优势转化受到制约。湘赣边区域县（市、区）大多没有通高铁，G60沪昆高速等高速公路因交通流量日益增大急需扩容改造，部分国省道技术等级偏低急需提质升级，边区农村公路网不完善，加之醴茶等铁路停运，域内交通输送能力有待提高，红色文化优势转化成经济优势受到制约。同时，乡村防洪减灾能力、农田灌溉的保障能力比较薄弱，生态环境整治效果还未完全彰显，一定程度上限制了红色资源优势转化。

（三）协同发力有待加强

一是体制机制有待衔接完善。目前湘赣两省虽然已经建立湘赣边开放合作联席会议、湘赣边区域合作示范区建设联席会议等协调推进制度，但相较于罗霄山片区区域发展等上升到国家层面的协调推进机制，涉及领域、推进力度和推进效能都还明显不足。区域间在红色文化资源保护、产业发展互动协作、交通水利等基础设施共建共管、生态环境联防联控、产学研机构人员合作交流以及公共服务、社会治理、保障体系共建共享等有关跨区域合作的决策、推进、落实机制上，均有待衔接完善或创新重构。二是政策措施有待互通共融。湘赣边区红色资源利用的一体化可行方案还未出台，部分合作措施还只停留在框架上，未能落地落实；减税降费、生态补偿、土地供给、产业协作、人才培养、公共服务等政策融通不够，造成了区际政策落差甚至壁垒，影响了边区产业协同发展，阻碍了品牌一体化创建、市场一体化拓展、产品一体化研修。

三、保护传承利用红色文化的对策建议

（一）完善总体思路

坚持跳出湘赣边区谋划推进革命老区发展，依托井冈山、韶山红色文化核心增长极，围绕秋收起义、井冈山会师和湘赣革命斗争三条主线，串联平江、浏阳、醴陵、攸县、茶陵、炎陵、井冈山、桂东、汝城等红色资源地，谋划推进湘赣红色文化保护传承利用，将湘赣边革命老区打造成全国红色文化传承创新区、全国红色旅游融合发展示范区。到2025年，走出一条符合地方实际的红色文化保护利用之路，红色文化保护管理能力显著提高，红色文化展示利用水平大幅提升，社会力量广泛参与格局初步形成，红色文化传承利用成果更多更好地惠及人民群众，红色文化在促进经济社会发展和党的建设中的重要作用进一步彰显。

突出保护、规划、建设、管理、经营等五个方面，提高红色文化保护传承利用实效。保护，重点是推进应纳入文物保护范围的遗址遗迹全部纳入，应收集整理的史料全面收集整理，尤其是修缮文物坚持修旧如旧、避免失真，革命斗争事迹整理坚持真实完整、防止杜撰抹黑。规划，重点是坚持以规划统领红色文化保护传承的法规制定、政策支持、人才培养、项目建设、效益转化等工作，细化工作目标、节点任务、

保障措施。建设，重点是加大对红色文化保护利用的设施设备投入，突出科技创新运用，尤其加快推进抢救性、预防性保护工作，强化本体保护、周边环境整体保护。管理，重点是推进红色文化保护利用工作的规范化、法制化、专业化、精细化，坚守保护利用的红线和底线，创新保护利用的方式方法，提升其资政育人、助推经济、服务社会的成效。经营，重点是坚持政府主导、多元投入，调动社会力量参与红色文化保护利用的积极性，促进文旅融合发展，开发优质旅游产品，带动群众增收，高质量推进全面小康、乡村振兴（见表 3）。

表3　　湖南省革命老区转移支付情况统计

项目	2013年	2018年	年均增长	备注
全省革命老区转移支付总额	2.05亿元	8.46亿元	32.8%	
湘赣边10县（市、区）转移支付额	0.25亿元	1.53亿元	43.5%	高于全省年均增幅10.7个百分点

工作中注重突出三个原则：一是坚持保护第一、合理开发，在确保文物安全、史料真实的基础上，科学合理开发红色文化资源，充分发挥红色文化的政治、经济、社会效益；二是坚持“三色”融合、彰显特色，整合区域内红色革命文化、绿色自然生态、古色历史民俗等特色资源优化红色文化供给，创新红色文化产品，丰富红色文化业态，打响红色文化品牌；三是坚持重点突破、统筹推进，以点带面、以先进带后进、以优势带劣势，推动相关行业、地域、部门良性互动、协同配合，防止畸轻畸重、顾此失彼。

（二）实施“四项工程”

1. 实施资政育人工程，推动血脉永续。坚持红色文化与政治建设相结合，发掘提炼区域内红色文化政治忠诚基因的典型事例、精神内核，引导教育党员干部坚定政治信仰、涵养政治生态、提高政治能力、发展政治文化，增强“四个意识”，坚定“四个自信”，做到“两个维护”。坚持红色文化与宣传思想工作相结合，推出一批叫得响、传得开的红色文艺作品，用好传统媒体和新兴媒体，深入阐释、广泛传播红色文化蕴含的思想精髓、时代价值，开展意识形态斗争，防止严肃题材娱乐化，引导广大群众树立正确“三观”，助推社会主义核心价值观蔚然成风，激发爱党、爱国、爱社会主义的巨大热情，凝聚奋进新时代、实现民族复兴的磅礴伟力。坚持红色文化与自我革命相结合，立足以史鉴今、启迪后人，学习先辈先烈践行初心使命的精神事迹，推进自我净化、自我完善、自我革新、自我提高，筑牢信仰之基、补足精神之钙、把稳思想之舵，着力培养忠诚、干净、担当的高素质干部队伍。

2. 实施品牌提升工程，丰富文化内涵。做好红色文化保护传承文章，坚持保护修缮与开发利用并重，开展地毯式普查认定、数字化统计管理、抢救性保护修缮、传承性调查研究，摸清“文物家底”，还原“文物故事”。做好红色文化挖掘开发文章，采取人才指引、政策指导、资金扶持等举措，组织文化文物单位、科研机构、高等院校和专家学者深化中共党史研究，加强红色资源整理，深挖革命文物价值，准确解读当地红色文化的时代理论内涵和实践意义，推动红色文化发展创新和艺术创作，张扬与延续红色文化的生命力。做好红色文化宣传推介文章，借助井冈山的影响力，借力新技术、新媒体、新节目，定期联合举办有特色、有影响力的红色旅游节，开展红色文化交流传播、展示展览、教育培训和红色文旅创意大赛、宣传营销等活动，推介经典红色景区，提升红色文化知名度。

3. 实施文旅融合工程，推动产业提质。加快丰富业态，深化红色旅游供给侧结构性改革，利用网络科技、人工智能、VR/AR 等技术将各类红色博物馆、纪念馆原有的文物静态展示转化为动态体验产品，推出“红色办公”“红色餐饮”“红色农场”等场景体验项目，加快红色旅游发展模式由观光型向体验型、数量规模型向质量效益型转变。加快创新产品，实施“红色文化 +”“红色旅游 +”战略，把红色文化与绿色、古色等文化一体开发，通过深入挖掘浏阳和上栗花炮文化、炎帝神农文化、阳明文化、陶瓷文化和湘赣边客家文化等资源，创新文化旅游产品供给，形成以红色旅游为主题、形式多样的复合型旅游产品和线路，持续提升红色旅游的整体实力和对革命老区发展的综合带动能力。加快完善配套，将湘赣边区红色旅游列入国家旅游发展战略，加快推进旅游配套设施和服务功能建设，强化红色教育培训阵地建设，构建湘赣边红色培训联合体，推进景区规划、景点陈展、产品开发、体验消费等统一规划建设，打造吃、住、行、游、购、娱“一条龙”的旅游产业链，带动优惠政策、优势资源、优质企业和其他生产要素向湘赣边区红色旅游产业聚集。加快互利合作，推进湘赣边区域合作示范区建设，加强鄱阳湖、洞庭湖、湘江、渌水等长江中下游生态修复和联防联治，深化与韶山、湘西、闽西等高人气旅游景区景点合作，联合探索“文化 + 旅游 + 教育”的红色研学游模式，高起点建设一批精品景区和经典线路，形成优势互补、市场互动、客源互送、品牌互推的互利合作新格局（见表 4）。

表4　湘赣边区特色产业分布及园区建设情况汇总

县（市、区）	域内主导产业	省级以上产业园区	其他园区、基地
浏阳市	烟花、机械制造、电子信息、生物医药	国家级浏阳经开区、浏阳高新区、浏阳两型产业园	浏阳环保科技示范园、大围山特色水果蔬菜供应基地、中部地区花卉苗木交易基地

续表

县(市、区)	域内主导产业	省级以上产业园区	其他园区、基地
平江县	休闲食品、云母制品、石膏建材、电子信息	平江高新技术产业园区	伍市园艺中心特色水果产业园、欢乐果水果特色产业园、龙江生态花果特色产业园和连云山高山有机黄茶特色产业园
醴陵市	陶瓷、烟花、玻璃、汽车零部件	醴陵经济开发区	
茶陵县	建材、陶瓷、电子信息、茶叶、油茶、烤烟、竹木加工、有色金属	茶陵经济开发区	食用菌基地、特色水果基地、烤烟基地、林丰黄牛基地、龙华农牧生猪产业基地、茶花产业园
炎陵县	声学和智能家电、纺织服饰、新材料、旅游文创产业	炎陵工业集中区	高山黄桃基地、茶叶基地、白鹅养殖基地、笋竹林基地
攸县	煤电能源、新型化工、新型建材、电子信息	攸县高新区	攸县农业产业园
桂东县	中药材、茶叶、高山蔬菜	桂东工业集中区	桂东中药材产业园
汝城县	电子信息、新能源、生物医药、农副产品加工	汝城经济开发园区	汝城县农产品科技园
安仁县	农副产品加工、中药材、烤烟、电子信息、新材料、生物医药	安仁工业集中区、郴州国家农业科技园核心区	大宗固体废弃物综合利用基地
宜章县	煤炭、有色金属、特色养殖、农副产品加工	宜章经济开发区	
井冈山市	农副产品加工、竹木加工、红色文化旅游产业	井冈山市工业园	
永新县	电子信息、新材料、药材种植	永新工业园区	湘赣国际商贸物流园、湘赣汽配城、永新县大健康产业园和永新县现代农业科技示范园
遂川县	电子信息、新材料、农副产品加工	遂川工业园区	遂川现代农业示范园、板鸭产业园、硅晶产业园

续表

县（市、区）	域内主导产业	省级以上产业园区	其他园区、基地
莲花县	装备制造（空压机）、电子信息、新材料、大米	莲花工业园区	吉内得绿色稻米基地
上栗县	烟花爆竹、装备制造、冶金、生物医药、电子信息、新材料	上栗县产业园	
湘东区	陶瓷、玻璃、新材料、电子信息和装备制造	湘东区产业园	麻山现代农业示范园、腊市现代农业示范园、排上现代农业示范园区、湘东区乡村振兴大数据农旅扶贫产业园
铜鼓县	生物医药、农副产品加工、竹木加工	铜鼓产业园	
万载县	电子信息、新能源新材料、有机食品、智能制造、生化医药	万载工业园区	国家现代（有机）农业示范区、全国农村一、二、三产业融合发展示范园、大宗固体废弃物综合利用基地
修水县	有色金属、机械制造、茶叶、蚕桑、蔬菜	修水工业园区	
上犹县	新材料、装备制造、有色金属	上犹工业园区	
崇义县	有色金属、新材料、竹木加工	崇义产业园	
袁州区	生物医药、新能源、智能制造	袁州工业园区	袁州现代农业示范园

4. 实施协同推进工程，创新发展载体。坚持红色文化传承与新型城镇建设协同推进，在城镇规划中融入红色文化理念、在城镇建设中彰显红色文化特色、在城镇改造中传承红色文化记忆，建设一批体现湘赣边红色历史文化、代表城市形象的建筑雕塑、纪念场馆和主题公园等，为城市增添浓郁的红色文化情愫。坚持红色文化传承与乡村振兴协同推进，统筹旅游、农业、交通、水利、环保等项目建设，开发一批红色庄园、特色小镇、乡村旅游区（点）、乡村

红色民宿项目，着眼提高红色旅游服务承载能力。加强农村水电路网等基础建设、厕所革命和污染防治等基层治理，促进就业保障和群众增收，加快建设宜居、宜业、宜游、宜养的美丽红色乡村。坚持红色文化传承与产业发展协同推进，大力发展红色农业，建设一批集红色农业经营展示、劳作体验、旅游休闲于一体的红色农业观光示范基地（见表5）；大力发展红色加工业，建设一批红色食品、红色服饰、红色物品的加工企业；大力发展红色服务业，依托红色文化景区景点，不断提升商贸流通以及餐饮住宿、社区服务等面向民生的服务业（见表5）。

表5　　湘赣边革命老区产业集聚区建设规划

序号	产业集聚区名称	范围	主导产业
1	烟花鞭炮产业集聚区	浏阳大瑶镇、金刚镇，上栗金山镇、桐木镇，万载株潭镇	烟花鞭炮产业
2	红色文化产业集聚区	井冈山、永新、茶陵、炎陵	红色文旅产业、红色教育培训产业
3	神农文化产业集聚区	茶陵、炎陵、安仁	祭祖、休闲观光、医药康养产业
4	有机绿色食品产业集聚区	炎陵、茶陵、安仁、永新、平江、修水、万载、遂川、上犹、桂东、崇义、汝城、宜章	黄桃、优质稻、油菜、油茶、茶叶、食用菌、蔬果等绿色食品加工产业
5	综合物流产业集聚区	浏阳、醴陵、湘东、上栗、茶陵	物流产业
6	中药材特色产业集聚区	安仁、桂东、汝城、宜章、炎陵、茶陵、上犹、崇义、井冈山、袁州、铜鼓、平江	中药材加工产业
7	陶瓷产业集聚区	醴陵东富镇、湘东老关镇	陶瓷产业
8	风力发电清洁能源产业集聚区	上栗、炎陵、宜章、遂川	风力发电产业

（三）强化保障措施

1. 完善基础设施。从国家层面加大资金和政策倾斜，将两省共同规划的兴国至遂川至桂东至新田高速公路等区域高速公路项目纳入国家高速公路网规划，加快完善边区高速铁路网络，酌情新增、优化或复运部分铁路段线，打造全贯通、全开放、全区域的旅游交通网络体系（见表6）。

结合红色景点景区、乡村旅游点、田园综合体、特色小镇的规划布局，实施湘赣边区红色旅游交通网络规划建设，加强跨省公路技术等级对接，消除“差级公路”“断头路”，加快国省道提质升级改造，完善乡村公路网络，抓好道路沿线绿化美化，让条条通道成为绿色走廊、亮丽风景。加强旅游集散服务中心、自驾车驿站、旅游休憩设施、旅游咨询系统、旅游应急系统、智慧旅游公共服务平台、城乡水电气网等基础设施建设，提升旅游接待能力水平，打造旅游亮点，催生旅游红利。

2. 加强平台建设。深化省级层面“放管服”改革，优化边区文化旅游、文物保护、基础建设等项目建设审批程序，推进审批更简、监管更强、服务更优，优化营商环境，规范行业管理，加快优势转化。加强投融资体制平台建设，推进投资核准范围最小化，落实投资项目审批首问负责，改善企业投资管理，完善政府投资体制，畅通投资项目融资渠道，引导财政资金、社会资本更多流向红色文化产业。加强主体培育，引导保护、规划、建设、管理、经营等主体加快理念提升、方式创新、措施落地、成效彰显，引导项目实施职能部门、遗址遗迹和景区景点管委会重点加大沟通衔接，推进基础设施相联相通、产业发展互补互促、资源要素对接对流、公共服务共建共享、生态环境联防联控，引导文物管理、党史研究、文化展馆、党校等单位重点加强

表6　湘赣两省省际交通通道对接情况统计

项目类别	项目数	建成项目	在建项目	待开工项目	备注
铁路	8	4个，包括：沪昆高铁、沪昆铁路、吉衡铁路、货运茶陵至文竹铁路支线（货运）	1个，蒙西至华中煤运铁路（货运）	3个，包括渝长厦高铁长沙至赣州段、贵州兴义经永州和郴州至江西赣州铁路、常德至岳阳至九江铁路	
高速公路	7	6个，包括：大浏高速、长浏高速、沪昆高速、泉南高速、炎睦高速、厦蓉高速	1个，平江（湘赣界）至伍市至益阳高速公路省际通道在建（计划2023年建成通车）		湖南省域内江背至干杉高速公路在建，醴陵至娄底扩容工程、茶陵至常宁高速公路项目近期开工，桂东至新田高速公路已列入湖南省规划远期展望线
普通国道	6	G319、G320、G322、G356等4条已按二级及以上公路对接		G354、G357共2条暂未实现二级对接	
普通省道	湖南接江西省16条，江西接湖南省13条	S202、S326、S336、S344等4条已按二级及以上公路对接		S201、S330、S535、S337、S560、S561等6条尚未实现二级以上对接	1. 湖南省S324、S104、S532、S327、S329、S559等6条在江西省境内为非普通省道，目前未实现二级以上对接 2.江西省S222、S224、S308等3条在湖南省境内为非普通省道，目前未实现二级以上对接
水运	1	渌水航道			据2011年《湖南省内河水运发展规划》，渌水醴陵市—株洲河口65km航段规划为IV级航道

史料整理、文化发掘、理论阐述等方面工作，引导旅游企业重点加强市场营销，做活红色旅游服务经济、地产经济，发挥红色旅游转型升级、提质增效的主力军作用。

3. 突出项目支撑。以编制“十四五”规划为契机，对接国家投资方向，结合地方经济社会发展需求、市场投资意愿，策划实施一批文物保护、文化研学、文艺创作、文旅产业项目，以项目整合政策、归集资金、聚集人才、创新产品，提升红色文化保护利用实效。在加强水电气路网项目建设完善旅游基础设施的基础上，重点推进红色遗址遗迹保护修缮、红色图书馆博物馆文化馆、红色主题公园、红色教育培训机构和场所、红色文艺创作、高校红色学科建设、红色主题教学科研奖励等资政育人项目建设，乡村旅游脱贫富民、红色旅游商品开发、红色特色农业、商贸物流、旅游酒店等产业发展项目建设。

4. 加强要素保障。国家、省、市加大财政资金投入，制定红色文化保护传承领域，政府购买公共服务指导性目录，根据需要设立红色文化保护传承专项资金、红色旅游发展基金，深化投融资体制改革，撬动社会资金、金融资本投入。创新土地供给，支持采取协商或公开交易的形式，将区外县（市、区）增减挂钩结余指标流转至区内县（市、区）用于红色产业建设开发。建强人才队伍，加强从业人员培训、优秀人才引进，重点加强理论阐释、宣传讲解、市场营销、创业人才培养力度。突出科技创新运用，充分运用互联网、大数据、云计算、人工智能等信息技术，推动红色文化展示利用方式融合创新，建设智慧博物馆，发展智慧旅游，尤其注重通过原始创新、集成创新和消化吸收再创新，推进理念创新、机制创新、技术创新和环境创新，实现红色资源传承向利用创新驱动跨越。

5. 健全体制机制。国家层面建立专门协调议事机制，加大顶层谋划和支持建设力度，把湘赣边革命老区红色文化资政育人工作纳入全民爱国主义教育、党员干部思想政治教育总体布局，把湘赣边区的红色旅游发展、基础设施配套、功能服务完善纳入长江经济带发展等重大战略，明确湘赣边区比照，享受原中央苏区政策，减免地方建设资金配套，积极推动安福县、万安县等县（市、区）纳入湘赣边革命老区范围，享受老区相关政策。落实省、市、县三级层面联席会议制度，协调解决合作发展过程中工作对接不畅、政策不一、同质化竞争等问题，提升各地在产业项目布局、土地使用指标分配、基础设施建设、生态环保等方面的统筹协同力度，打造优势互补、协调联动、差异发展的区域发展共同体。加强湘赣边革命老区与周边发达地区的交流合作，建立常态化交流平台和协调机制，积极融入长三角城市群、粤港澳大湾区、长江中游城市群中心城市，加快产业、资金、技术、人才等要素向湘赣边革命老区聚集，推动老区红色文化旅游业高质量发展。

彭延敏　张骐严　张清华　执笔

专题六

湘赣边革命老区共建生态文明示范区研究

内容摘要：湘赣边革命老区系湘赣革命根据地与湖南、江西两省交界地区重叠地带，涉及两省的24个县（市、区）。课题组通过深入调研，探索湘赣边区共建生态文明示范区之路，以促进边区振兴与合作发展。首先，展示湘赣边区共建生态文明示范区的重要意义和已经取得的显著成效；其次，提出需要重视的问题；最后，针对问题提出相应政策建议如下：①不断完善并形成强有力的共建生态文明示范区组织机构。②高度重视《湘赣边革命老区共建生态文明示范区总体规划》的制定。③逐步健全自然资源资产产权制度，全面摸底生态健康。④科学维护生态功能，推进生态资源的保护性开发新模式。⑤持续关注环境保护，加强污染防治和生态修复。⑥全面布局绿色产业，综合拓展多种生态产品价值实现路径。

关键词：湘赣边革命老区　生态文明体系　政策建议

新中国成立特别是改革开放40多年以来，湘赣边革命老区发生了翻天覆地的变化，但受区位偏远、交通落后、基础薄弱等因素影响，整体经济发展水平仍然滞后，发展不平衡、不充分特征明显。湘赣边区生态资源丰富，生态环境优良，共建生态文明示范区意义重大，课题组提出共建适合边区的生态文明发展模式，通过“绿水青山”向“金山银山”的跨越式发展，最终实现湘赣边革命老区振兴与合作发展。

一、湘赣边革命老区共建生态文明示范区的重要意义和显著成效

（一）国家和省域层面提供政策支持，为共建生态文明示范区拟定了架构

无论是在国家层面还是省级层面，共建生态文明示范区都得到了前所未有的重视，已经开始实践并取得初步成果。

1. 国家政策支持。湘赣边区是中国革命的重要策源地，是中国人民军队的重要建军地，湘赣辖区人民为中国革命作出了重大贡献和巨大牺牲。中共十九大提出“加大力度支持革命老区、贫困地区加快发展”，2018 年 11 月，中共中央、国务院《关于建立更加有效的区域协调发展新机制的意见》明确提出“支持湘赣省际交界地区合作发展”，给湘赣边区域合作带来巨大发展契机。

2. 湘赣两省持续推进。为探索区域协调发展新模式，加快湘赣边革命老区振兴与合作发展，按照国家关于促进湘赣边界地区合作发展的部署要求，湖南、江西两省推进“湘赣边区域合作示范区建设联席会议”制度，组织召开“湘赣边区域合作示范区第一次联席会议”，深入研究推动湘赣边区域合作发展的重大问题，就制定示范区发展规划提出建议，将湘赣边区域合作示范区定位为“三区一中心”，即全国革命老区乡村振兴先行区、全国生态文明建设样板区、省际产业协

同发展示范区、全国红色文化传承创新中心。以供给侧结构性改革为主线，按照高质量发展要求，明确六大共建领域：合力推进乡村振兴、促进产业协同发展、共同传承红色文化、共建生态文明、加快基础设施互联互通、共同保障和改善民生。其中，在三区和六大共建领域中都突出强调了共建生态文明示范区的思想，具有一定的前瞻性。

（二）生态文明示范工程建设逐步开展，为共建生态文明示范区创建了样板

一是逐步落实“规划先行”的生态文明理念。以罗霄山集中连片特殊困难地区（以下简称“罗霄山片区”）为例，罗霄山脉是长江支流赣江和珠江支流东江的发源地、我国南方地区重要生态安全屏障。罗霄山片区跨江西、湖南两省，是著名的革命老区，大部分县属于原井冈山革命根据地和中央苏区范围，是国家新一轮扶贫开发攻坚战主战场之一。国务院扶贫开发领导小组办公室、国家发展和改革委员会指导制定了《罗霄山片区区域发展与扶贫攻坚规划（2011—2020年）》，规划区域范围包括江西、湖南两省24个县（市、区），其中有23个集中连片特殊困难地区县（市、区）（以下简称“片区县”），有16个国家扶贫开发工作重点县。据此，本区“规划先行”的生态文明理念已经基本落地。按照“区域发展带动扶贫开发、扶贫开发促进区域发展”的基本思路，本规划明确了区域发展与扶贫攻坚的总体要求、空间布局、重点任务和政策措施，是指导区域发展和扶贫攻坚的重要依据。

二是实践探索独具特色的生态文明示范工程建设。罗霄山片区已经开始依托国家重点生态工程，加强生态环境保护，提升生态环境质量，构筑我国南方地区重要生态屏障。生态功能区的重要功能之一就是水源涵养，以饮用水源地和赣江、东江等重要河流源头及东江湖为

重点，保护恢复森林、高山草场、湿地等生态系统，加大水源涵养林建设力度，提高水源涵养能力。严格执行封山育林，禁止无序采矿、毁林开荒等行为。严禁在江河源头及上游生态环境敏感地区发展污染排放产业。统筹生态建设、环境保护和经济社会发展，建立健全保护生态安全的规章制度，发展环境友好型产业，积极倡导绿色消费。推进城乡绿化美化。支持具备条件的县开展生态文明工程试点县建设。

（三）生态资源的保护和恢复取得扎实进展，为共建生态文明示范区打开了窗口

湘赣边区有丰富的林业资源，区域内县（市、区）森林覆盖率均较高，其中 13 个县森林覆盖率在 70% 以上。在实践层面，目前，其生态资源的保护和开发都取得扎实进展。

一是罗霄山片区大力开展“生物多样性”保护。以自然保护区、森林公园、湿地公园和地质公园为核心，维护生物多样性，内容逐步丰富，加强对水杉、银杉、红豆杉、莽山烙铁头蛇、云豹、大鲵、黄腹角雉等珍稀濒危野生动植物就地保护，为今后自然保护区的可持续发展奠定坚实基础。值得一提的是，罗霄山片区的禁止开发区域已经将生物多样性保护区重点列出并逐一跟进（见表 1）。

二是罗霄山片区特别注重保护基础上的生态恢复。具体包括：加强天然林资源保护，巩固和扩大退耕还林成果；加大长江和珠江防护林工程以及湿地保护和恢复投入力度；加强水土流失和石漠化防治；强化森林管护，加强中幼龄林抚育和低质低效林改造，改善林相结构，提高林分质量；加快已开矿山、矿区尾矿治理和生态恢复。

表1　　罗霄山片区生物多样性保护区分布

禁止开发区域		
类型	名称	位置
国家级自然保护区	江西井冈山国家级自然保护区	井冈山市
	湖南桃源洞国家级自然保护区	炎陵县
	湖南莽山国家级自然保护区	宜章县
	湖南八面山国家级自然保护区	桂东县
国家级风景名胜区	井冈山风景名胜区	井冈山市
	三百山风景名胜区	安远县
	武功山风景名胜区	芦溪县
国家森林公园	江西三百山国家森林公园	安远县
	江西翠微峰国家森林公园	宁都县
	江西五指峰国家森林公园	上犹县
	江西陡水湖国家森林公园	上犹县
	江西峰山国家森林公园	章贡区、赣县
	江西三湾国家森林公园	永新县
	江西万安国家森林公园	万安县
	江西安源国家森林公园	安源区
	江西碧湖潭国家森林公园	湘东区
	湖南莽山国家森林公园	宜章县
	湖南九龙江国家森林公园	汝城县
	湖南熊峰山国家森林公园	安仁县
	湖南云阳国家森林公园	茶陵县
	湖南神农谷国家森林公园	炎陵县
国家湿地公园	江西东江源湿地公园	安远县
	江西大湖江湿地公园	赣县
	江西潋江湿地公园	兴国县
	江西山口岩国家湿地公园	芦溪县

注：今后新批准的国家级自然保护区、国家级风景名胜区、国家森林公园、国家湿地公园自动进入禁止开发区域名录。

（四）生态环境的治理和修复开始初步尝试，为共建生态文明示范区探索了道路

一是两省共同签订《湘赣边区域河长制合作协议》。2019 年 8 月 28 日，湖南、江西两省签署《湘赣边区域河长制合作协议》，双方建立跨省河流信息共享机制、协同管理机制、联合巡查执法机制、跨省河流管护联席会议制度、河流联合保洁机制、水质联合监测机制、流域生态环境事故协商处置机制、联络员制度等。这标志着将进一步加强湘赣边区域跨省河流管理，构建省际河长协作机制，推动湘赣边区域合作示范区建设战略合作框架落地见效，实现流域联防联控。

二是渌水流域逐步启动污染防治和生态修复。渌水为湘江一级支流，地处湘赣两省边境。渌水上游有南北两源，南源萍水为主源，发源于江西省萍乡市千拉岭南麓，与北源澄潭江在醴陵市双江口交汇后，于湖南省渌口区渌口镇汇入湘江。渌水干流全长 166 公里，其中江西境内 84 公里，湖南境内 82 公里，平均坡降 0.49‰。渌水流域面积 5522 平方公里，流域总人口 267.10 万人。渌水流域面积大，涉及人口多，水系发育，河网密布。为深入贯彻落实长江经济带“共抓大保护、不搞大开发”发展战略和“乡村振兴战略”总体要求，按照“共建共享基础设施、联防联控水体污染、互联互通河库水网”的基本思路，协同推进渌水治理保护，为湘赣边区乡村振兴提供有力的水利支撑和保障。

（五）绿色产业发展机制初步拟定，为共建生态文明示范区搭建了桥梁

以绿色产业为依托，边区一直在探索多种生态产品价值实现路径。针对绿色产业发展中的绿色农产品，《湘赣边区域合作示范区建设现

代农业协同发展框架协议》初步拟定，思路清晰，对于全面推进乡村振兴，建立区域级别的农产品活跃交易市场具有里程碑意义。如预期联合建立一套农产品产销合作机制，两省境内举办大型农展会，包括全国农交会、中国中部（湖南）农博会、江西“生态鄱阳湖、绿色农产品”展示展销会等。

二、湘赣边区共建生态文明示范区存在的问题

（一）相关组织机构需要进一步完善

生态文明建设是我国“五位一体”社会主义事业总体布局的基石。中共十八大以来，各级地方政府都将生态文明建设作为区域发展的重点。湖南、江西两省在省级层面建立了联席会议制度，推进湘赣边区域合作示范区建设第一次联席会议顺利召开，对湘赣边区域共建全国生态文明样板区提出了初步框架、突出强调了共建的思想。这可看作一个雏形，其相关组织机构设置还不够明确，问题包括：一是组织机构的设置需要继续完善，目前只有联席会议模式，亟待深入挖掘；二是工作制度的章程需要继续规范，缺乏严格的规章制度，组织力度不够。综上，今后需要进一步完善现有顶层架构，在合适的条件下完善治理机构和体制机制。

（二）生态和环境问题需要进一步梳理

由于生态环境问题成因具有多元性、跨行政区域的共生性等特点，我国传统的以行政区域为治理单元的生态文明建设模式在一定程度上影响了区域生态环境治理成效。因此，必须大力推进生态文明建设的协同创新。要在完善组织机构的基础上，进一步梳理生态和环境问题，

明确具体内容和实施步骤，逐一给出政策建议，以便扎实推进，问题具体包括以下几个方面。

1. 生态规划缺乏一定的前瞻性

一是顶层设计层面，缺乏统领性的规划，目前只有相对零散的区域规划和专项规划，如《罗霄山片区区域发展与扶贫攻坚规划（2011—2020年）》。二是多规合一层面，国家层面与地方层面的规划衔接不够完备、融合不够充分。

2. 生态系统健康状况不容乐观

一是自然资源资产产权制度尚未建立，需要做大量的前期工作进行深入全面的摸底。二是前期工作的缺乏导致生态产品价值科学评价体系不够健全，目前，国家对此非常重视，本区要以此为契机，争取在选取典型产品的基础上深入研究，形成一套科学完备的体系。

3. 生态资源开发模式较为陈旧

一是生态意识亟待加强，还有大量科普工作需要推进，通过联席会议制度推进科普是一个好模式，应循序渐进，纵深推广。二是先进理念借鉴不够，推进资源的保护性开发，如何将国外经验扬长避短、为我所用，如何加强从上到下的全员学习能力，需要设计合理的方案逐步落实。

4. 生态环境污染问题频频出现

一是环境保护需要持续关注，目前的监测设备相对落后，其监测水平和效果无法匹配复杂的环境形势，要跟上发达国家的现有水平，还需加大力度引进先进设备，提升能力建设。二是对于已经受损的修复对象，包括污染的水体、退化的草地等，生态修复的重建工作落实还未到位。

5. 绿色经济体系框架不够完整

一是绿色产业体系不够完整，目前只有零散的农产品贸易，传统交易模式亟待改观，而相对成熟的市场交易模式还未建立，总体框架设计和具体政策建议严重不足，需要进一步从横纵向两个方面进行拓展和深化。二是生态产品价值实现途径不够明确，这个领域涉及背景知识繁杂，交叉学科众多，需要引入智库专家，加强智力支持，更多的产品价值实现模式有待深入挖掘。

三、湘赣边区共建生态文明示范区的政策建议：构建“基于生态系统的跨区域协同发展”的政策框架

（一）不断完善并形成强有力的共建生态文明示范区组织机构

为推动湘赣边区共建生态文明示范区，本报告借鉴主要发达国家和经济体的经验，提出“基于生态系统的跨区域协同发展”政策框架，总体思路是：第一，其目的是打破行政体制界线和条块分割，以边区所在的一个完整生态大系统为基底，调动所有力量协同共治。第二，其原则要坚持点、线、面三要素原则：即点上开发、线上布局、面上保护。第三，其内容包括两大部分：一是从参与主体看，创建“基于生态系统的跨区域协同发展管理平台”；二是从指向对象看，以“基于生态系统的跨区域协同发展管理平台”为依托开展生态共治。

目前，湘赣边区自上而下未形成统一的行政管理体制，管理条块分割现象依然存在。即便在行政主管部门内部，各组成部门在行政业务上也是各司其职、界线明显，缺少在生态系统大框架要求指导下统筹协调各部门管理事务的行政机制。据此，在区域经济一体化背景下，本报告建议构建“基于生态系统的跨区域协同发展管理平台”（见图1）。

1. 设立组织机构

第一，组织机构是以政府为主导，企业为主体，社会为监督（含媒体、NGO、社区居民等），可设立“基于生态系统的跨区域协同发展管理委员会”，相关领导牵头负责，兼任主要领导职务。第二，重点设置针对不同治理内容的专项小组及专家委员会，专家委员会可从全国范围内广纳贤才，真正引进高水平、高层次专家。其下应增设具体业务部门，可包括：资源和产业开发部门、产品营销推广部门、生态环保部门、经济投融资部门等，以便有针对性地开展相关工作。

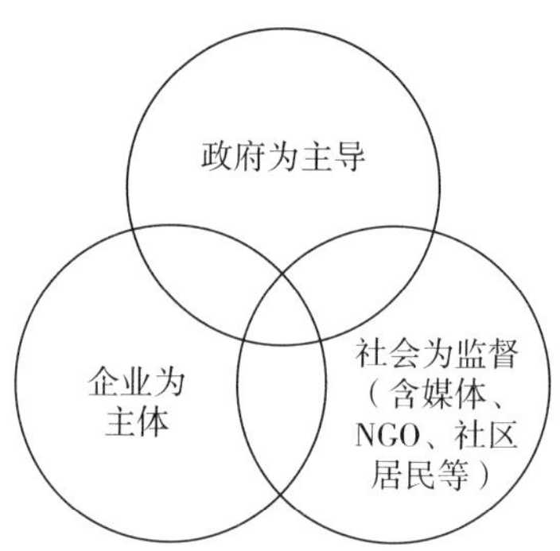

图1 “基于生态系统的跨区域协同发展管理平台”示意图

2. 建立工作机制

传统的行政体制客观上削弱了生态管理工作在生态系统维护作用上的针对性、协调性和系统性。本报告提出的“基于生态系统的跨区域协同发展管理平台”，应成为政策出台的顶层设计机构，一是可在实现区域生态系统功能完整性的目标指引下，综合协调各行政区、各部门及部门内部的管理行为。二是可在开发与保护的协同共治中推进经济发展、产业升级与可持续利用。三是可把区域共治强市、强区战略提升为区域经济一体化的重要支撑，使其在多方面大有可为。

尝试建立“区域生态一体化发展专项小组联席会议”机制，会议形式可采用轮值模式，在多地轮流举办，会议期间可推出相应的发展阶段成果展，如生态修复技术展、生态农产品汇展等，让参展单位和成员通过实实在在的观感，共谋发展、共享成果，为区域经济一体化提供示范和参考。

3. 创新工作模式

其核心理念是在政府主导的架构下，应建立由各级政府、相关企业、社会机构都能有序参与的区域经济一体化对接平台，多主体协同发力进行共治。政府出台政策前必须经过“基于生态系统的跨区域协同发展管理委员会”及专家委员会的投票表决。这种管理模式彻底打破了行政界线和地域分割。一是政府为主导，起到对其他主体牵线搭桥的作用，最终出台合理有效的政策；二是企业为主体，熟悉一线情况，可以提出必要性和可行性强的政策；三是社会为监督，汇聚各方资源共商共治，例如，水体污染包括赤潮等一般是当地社区居民首先发现，经由媒体第一时间现场报道，NGO 组织发力推动，所以不可忽视这三方社会主体对生态保护的贡献。

（二）高度重视《湘赣边革命老区共建生态文明示范区总体规划》的制定

一是顶层设计层面，树立规划先行的理念。第一，梳理现有规划，包括两省及其所涉及城市的省级空间规划、城市总体规划、控制性详细规划、修建性详细规划和《罗霄山片区区域发展与扶贫攻坚规划（2011 ~ 2020 年）》等。第二，编制专项规划，依托现有相关规划，研究编制《湘赣边共建生态文明示范区专项规划》。第三，融入国家政策，高度重视国家政策的前瞻性引导，例如国家公园、全域旅游示范区、AAAAA、AAAA 级景区筹建等，这类荣誉称号的申报工作要及时跟进，可初步考虑将其纳入《湘赣边共建生态文明示范区专项规划》

编制过程中。

二是多规合一层面，注意规划的相互衔接。以《湘赣边共建生态文明示范区专项规划》为蓝图，统领各类规划的制定和实施。围绕区域经济一体化中的典型生态功能区域，逐步完善片区规划、充分使各片区融入共建生态文明示范区中，高度重视生态文明理念的融入和生态保护功能的提炼，从生态文明角度促进区域经济一体化。

（三）逐步健全自然资源资产产权制度，全面摸底生态健康

1. 健全自然资源资产产权制度

夯实生态产品价值实现的制度基础，就要健全自然资源资产产权制度。具体到边区，一是树立完全标准，明确各类自然资源产权主体的界定办法及确权登记的组织模式、技术方法和制度规范，建成归属清晰、权责明确、监管有效的自然资源资产产权制度，为促进生态产品价值实现奠定基础性制度。二是建立完备体系，形成一套科学可行的生态产品价值科学评价体系。生态产品价值实现的一个难点是生态产品缺乏一套科学的、广泛接受的价值测算评价体系。建议以生态产品产出能力为基础，建立生态资源价值评价体系，以部分生态功能区如罗霄山脉、渌水流域等为试点，研究形成森林、流域、湿地等不同类型生态系统服务价值的核算方法和核算技术规范，建立地区实物账户、功能量账户和资产账户，并将有关指标作为实施地区生态补偿和绿色发展绩效考核的重要内容。三是形成完善制度，要健全资源有偿使用制度，坚持使用自然资源必须付费的原则，以明晰产权、丰富权能为基础，以市场配置、完善规则为重点，推进自然资源有偿使用制度改革，切实全面准确地反映市场供求、资源稀缺程度、生态环境损害成本和修复效益，着力解决资源有偿使用制度不完善、监管力度不

足和市场配置的决定性作用发挥不充分、所有权不到位等问题，不断提升自然资源保护和合理利用水平。

2. 制定生态产品价值科学评价体系

要重视能力建设，工作人员要提升相关能力。一是掌握可行方法，基于MODIS数据、全球定位系统技术以及全球遥感和地理信息系统技术，在不同等级的区域尺度上，探索不同类型重要生态功能区的动态评估方法，分析区域尺度生态系统服务功能评估在生态保护中的需求和应用方向。二是建立评估体系，针对本区不同类型的重要生态功能区，分析其在长时间序列年份的生态状况和变化情况。要选取关键指标，总结发展规律，真实评估现有生态功能区生态系统的健康状况。指标可涉及多个方面，例如罗霄山片区要重点评估生物多样性这一关键指标，以全面展示其生态功能情况。“生物多样性”是生物（动物、植物、微生物）与环境形成的生态复合体以及与此相关的各种生态过程的总和，包括生态系统、物种和基因三个层次。生物多样性是人类赖以生存的条件，是经济社会可持续发展的基础，是生态安全和粮食安全的保障。建议以现有工作为依托，根据表1，制定方便实操的多年份罗霄山片区自然保护区生物多样性评估表（见表2），可以记录时空量化数据，做出图表动态监管，按照年份归类存档，可以有效调动各方面的力量，有针对性地开展生物多样性的保护和传承。具体如下：可记录在哪一年、哪个片区、哪些物种的生存状态等，数量种类、具体特征、存活、濒危或灭绝原因（自然或人为原因），对生态功能区的健康状况影响如何等。该工作体量巨大，专业性强，可邀请中科院、农科院等植物、动物保护领域的专家带队培训，规范训练工作内容，“传帮带”青年专家。建议以罗霄山片区为生物多样性自然保护区试点单位，经过几年酝酿，带好一批队伍，形成成熟模式之后向本区其他保护区乃至全国推广。

表2　　某年份罗霄山片区自然保护区生物多样性评估

评估指标	湖南桃源洞国家级自然保护区	江西井冈山国家级自然保护区	……
1. 具体地理坐标（三大位置：经纬度位置、海陆位置、海拔位置）			
2. 现有物种数量（植物记录：门、纲、目、科、属、种。动物记录：具体分类如爬行动物、两栖动物等）			
3. 物种分布特征（植物记录：所在生物群落生境特征。动物记录：具体活动片区特征）			
4. 物种保护现状（存活、濒危、灭绝的数量、原因及未来发展趋势等）			
5. ……			

（四）科学维护生态功能，推进生态资源的保护性开发新模式

一是强化生态意识。一个完整的生态系统如同人体，是一个综合运转且具有完备功能的大系统，其中某个组成部分或者各部分之间的衔接出现问题，都会影响生态系统的健康状况和综合服务功能的发挥。目前，就是要以边区“生态大系统”为依托，实施一个基于完整生态系统的全生命周期管理，必须重视山、水、林、田、湖、草等每个组成部分的生态功能都合理发挥，这样才有利于增强整个生态系统的生命活力和可持续性。

二是借鉴先进理念。生态资源开发要以保护优先，发达国家早已进行保护性开发。开展生态资源的保护性开发新模式要摒弃诸多不合

理的旧模式，要合理运用外国经验。目前我们对湘赣边区所涉及的生态经济大系统，从基本结构到生态过程的了解，从生态价值到生态脆弱性的认知，与发达国家和经济体对生态系统的治理能力相比，我们的差距不是一步之遥，都相去甚远。因此需要加强科学研究，提升专业素养，在对生态功能区的实际管理过程中，制定明确的资源开发规划和管理目标，对生态价值较高、保护意义重大的山地、林地、湿地、草地等必须给予优先级别的保护，在此基础上进行保护性开发，综合协调好不同类型生态系统保护与开发的关系。

（五）持续关注环境保护，加强污染防治和生态修复

2019 年的政府工作报告提出，加强污染防治和生态建设，大力推动绿色发展，绿色发展是解决污染问题的根本之策。要改革完善相关制度，协同推动高质量发展与生态环境保护。湘赣边区要在保护性开发的基础上加强污染防治和生态修复。

一是加强污染防治。第一，注重源头治理，对污染物进行定点采样和实验室源解析研究，形成污染源规范分析，形成初步防治方案。第二，完善监测手段，建立环保网格化系统，实施网格化监测，打通环境监测到环境监管的通道。将所覆盖区域形成若干单元监测网格，由专人负责定期上报和分析数据。第三，实施联防联控，在国家“大气十条”“水十条”“土十条”的政策框架下，严守红线要求，联防联控污染，结合中央生态环境保护督察组对所督察省区的具体督察情况，出台边区环境治理总体方案，涵盖大气、水域、土壤治理领域，逐步落实边区污染防治任务。

二是合理修复生态。第一，明确修复对象。湘赣边区的部分地区已经面临环境污染、开发利用强度饱和与濒危生物资源衰竭等问题，

因此要全面考察受损生态系统的生态状况，对修复对象进行等级划分，针对受损程度实施适度修复。第二，测算修复标准。要在空气质量、水域、土地等国家划定的红线内，实行最严格的控制政策。针对当前生态环境资源损害鉴定时间长、费用高、公信力不足等难题，尽快制定生态环境污染损害认定范围、损害鉴定标准、损害修复评估、生态恢复监测技术规范等。完善环境公益诉讼制度，加快培育具有原告资质的社会组织，鼓励和支持有资质的社会组织和法律中介组织积极参与环境公益诉讼。

以渌水生态环境的保护性修复为例，具体到小区域（公里层级）的水域，则需要关注污染控制、生物多样性、产业布局及其影响等问题。应合理设计并开展生态修复工程，使部分受损生态环境逐步得到修复，但生态修复的效果如何，成功与失败的标准如何界定，则需要从时间尺度和恢复目标等方面考虑，短期的景观美化工程并非代表修复成功，往往可能造成更加严重的负面后果，要彻底整治环境污染及恶化情况，必须统筹考虑其环境效益、经济效益和社会效益。

（六）全面布局绿色产业，综合拓展多种生态产品价值实现路径

2019 年的政府工作报告提出，绿色发展是构建现代化经济体系的必然要求。习近平总书记在深入推动长江经济带发展座谈会上强调，要积极探索推广“绿水青山”转化为“金山银山”的路径。探索生态产品价值实现，是建设生态文明的应有之义，也是新时代必须实现的重大改革成果。由此可见，价值实现已经成为湘赣边区生态文明建设发展不可或缺的组成部分。绿色产业的获益，具有诸多不确定性，要推动绿色产业逐步实施，就需要基于总体规划，一是制定绿色产业发

展路线图（见表3），依据路线图跨区域整体布局，厘清发展脉络，培育绿色品牌，挖掘绿色产品的最大价值。二是根据绿色产品特点分类施策，绿色产品包括有形产品和无形产品，前者如农产品、中药产品等，后者如生态旅游产品、林业碳汇产品等，要根据其特点分类制定政策，协调政策体系，使各类生态产品价值稳步变现，综合推动绿色产业发展，具体分析如下。

表3 绿色产业发展和生态产品价值实现路线图

价值实现类别	核心要义	产业和产品具体内容
转移支付	中央政府或上级政府基于重要生态贡献或特殊生态价值对特定区域给予的财政转移支付	如中央财政对重要生态功能区（县）的直接财政转移支付
产品价格	生态系统提供的产品直接进入市场交易，由供求关系形成生态产品市场价格	如绿色有机农产品、中药产品的生态溢价、林业碳汇交易价格等
经营赢利	由经营者依托生态系统（生态资产）开展特色生态产业经营而获得的利润，是生态产品价值实现的“高级”形式	如生态康养产业、生态旅游产业等
生态补偿	由生态服务提供者与占用使用者平等商定的、占用使用者向提供者给予的补偿（款）	如河流下游对上游的补偿、采矿对矿区居民的补偿、地区间的横向补偿等
规费	政府根据供需关系等因素决定生态服务占用的价格性费用	如水资源费、排污费等
税收	政府依法确定的为保护生态产品或服务而向使用者收取的税收	如环境税、资源税、耕地占用税等
基金	政府或企业为保护生态系统服务功能，针对特定生态系统、面向特定地区而设立的专项基金	如绿色发展基金、荒漠化治理基金等
债券	金融机构依法依规且经政府许可发放的以保育生态为主要目的的特定债券	如绿色债券等

1. 针对绿色农产品的价值实现路径

绿色农产品是以产品价格通过市场交易来实现生态产品价值，要想使其以理想的价格成交，必须关注品牌价值和交易价值的培育。

一是培育代表性绿色品牌。第一，创建经典品牌，依托《湘赣边区域合作示范区建设现代农业协同发展框架协议》，选取示范区中的几类特色农产品创新区域绿色品牌，将其作为乡村振兴的着眼点，完善绿色产品的品牌价值，推动绿色产品的品牌化，是本区绿色产品价值的最终体现。第二，实施精准管理，针对重点农产品品目，建立数据库，匹配大数据，对农产品从田间到餐桌进行严格的过程监控。可利用区块链技术，实时跟踪典型绿色产品的产供销地点，发现问题及时处理，给消费者提供满意周到的服务，维护其宝贵声誉和长久价值。

二是建立多渠道营销机制。针对绿色农产品，《湘赣边区域合作示范区建设现代农业协同发展框架协议》已经提出一些很好的思路，如要联合建立一个农产品产销合作机制，需要完善营销渠道有以下几点。第一，会展推广模式。注重重大节日如“五一”劳动节，中国农民丰收节的推广效应，可以采取“请进来+走出去”模式，一是“请进来”：两省多地要主动申请主办全国农交会、农博会的资格，顺势推广拳头农产品。二是“走出去”：邀请本地农业专家和农民能手到全国其他先进地区、知名企业参观观摩、拓宽眼界、交流技能。“请进来+走出去”都可互相免费提供农产品展销服务，相互邀请多个主体共同参加。第二，电商推广模式。随着电子商务的普及，越来越多的人开始习惯网上购物模式，电商的作用不可小觑，将农产品通过电商渠道售卖是个不错的选择。如“三只松鼠”等加工农产品就是通过电商而发展成熟起来的。电子商务用户基础广泛，市场巨大，避开了众多中间商，产品可以保证较高的利润，农户可以得到更多收入，从而继续扩大规模，形成良性循环。可利用淘宝、微商、微信公众号、朋友圈展示等手段，建立品牌专营推广模式。第三，原产地推广模式。共同建设特色农产品产地市场，配套建设仓储、加工、冷链、物流等基础设施，辐射带动湘赣边区域特色产业集约、集聚发展。

2. 针对林业产品的价值实现路径

针对林业产品，要探索其绿色价值的市场化交易机制。在生态系统中，碳汇是指经光合作用将气体形态的二氧化碳转化为固体形态，从而降低其在大气中浓度的过程。碳汇价值很高，有利于形成活跃的碳交易市场。林业碳汇是指森林生态系统吸收大气中的二氧化碳并将其固定在植被和土壤中，从而减少大气中二氧化碳浓度的过程。在土地利用 / 覆被变化（LUCC）影响下，碳排放充分体现人类活动对生态环境的扰动程度，由此需要介入碳收支与补偿研究，对边区低碳经济与区域平衡发展具有重要意义。碳汇交易过程复杂，涉及不同的植被种类、碳汇价格及其市场行情变动，因此需要谨慎进行，一是摸清底数，本区森林覆盖率极高，达 55% 以上，植被种类丰富，需要建立不同植被类型数据库，对林业碳汇资源价值进行基本情况精算摸底。二是选择市场，对国内已有碳排放市场的定价进行综合比较，列出价值区间，借鉴其他地区已经交易的成果权衡利弊得失。三是价值估算，基于基本摸底数据，测算不同碳价格区间下碳汇的价值波动情况，从中挖掘最大碳汇价值收益，合理设计碳汇交易的时点和交易量，交易过程中，要对每一笔碳汇交易进行跟踪评价，以便对本地区的交易动态进行综合分析。

3. 针对生态旅游产品的价值实现路径

探索生态旅游产品的生产和推广路径。一是注重旅游内容设计，将旅游要素融入绿色内容，植入绿色活动。在“食、宿、行、游、娱、购、商、学、养、闲、情、奇”十二大旅游要素多个环节中，以绿色理念充分融入各类内容和活动，最终使生态旅游产品实现增值（见表 4）。

表4　　生态旅游产品的增值环节

项目	基本内容	参与活动
食	增加农家乐环节中的绿色内容，如供给有机产品食谱，倡导自己动手、丰衣足食，如挖野菜、采摘后自己烹饪等	体验山野味道等，实施“光盘行动”
宿	提供尽可能多的临近原生态景点的民宿选择	设计绿色篝火晚会，夜赏山、水、林、田、湖、草
行	给予山水自然风光的实景赏析	让游客动手拍出融入实景的绿色图册
游	通过河湖泛舟考察水体质量	植入比赛活动如原野跑步、提升体能
娱	在原有活动基础上增加绿色旅游展演，如模仿桂林山水实景演出策划自然舞台剧目	吸引团队拓展训练
购	设计具有当地特色的绿色旅游购物纪念品，防止和其他地区雷同，如生态纪念品包括银杏叶书签、薰衣草香囊等，民族传统工艺纪念品包括蜡染、扎染等	增设原汁原味的民族传统工艺观摩和体验活动
商	吸引商务旅游客团来访，增加生态文明内容	进行原生态旅游地开发实地考察
学	开发复杂地质科考旅游线路，探索地貌类型成因，如丹霞地貌、喀斯特地貌等	聘请当地高校、科研院所、职高、技校的地质及旅游专业教师和学生作为讲解员讲解
养	培育固定中老年疗养旅游团队，增加旅游团队的康养健身意识	设计如慢走、太极拳、森林氧吧吸氧等活动
闲	融入体验原汁原味的绿色景观廊道设计	如通过室外瑜伽、漫步乡间小道、垄上行等体验绿色养生
情	设计贴近体验大自然情怀的内容	通过亲子采摘让孩子体验收获感恩之情
奇	解密绿色奇观景点的成因	特色地貌摄影，与植物动物活化石合影

二是注重特色资源整合，综合设计红绿结合的旅游产品，如江西井冈山学院的红色旅游产品，将室内的红色内容与室外的绿色内容有机结合，将革命系列教育与挑战大自然有力结合。室内包括光辉历史课堂讲授、舞台剧目赏析等，室外包括重上井冈山徒步活动、重走挑粮小道等，已经吸引了来自全国各地的大批游客，应继续发挥特色，

丰富产品内涵，深化产品层次，丰富产品内容，开发出既有意义又有趣味，寓教于乐的深度旅游产品。

三是增加旅游产品的吸引力，生态旅游产品的忠诚度和美誉度一般是通过游客、导游之口层层传递，要做好品牌解读和口碑宣传，不断提升绿色内涵的受众认可程度，提高绿色活动的受众参与频率，这相当于无形的推广营销。

4. 针对生态补偿的价值实现路径

本地区是建立生态补偿长效机制的重要载体，包括罗霄山片区和渌水流域等都可以规划实施。现存问题包括：一是生态补偿各要素尚未理顺，生态补偿理念认知较为滞后，本地区从上到下都需要开展多方面的培训和学习；二是生态补偿尚未成为有力抓手，对资源和环境保护没有起到实质性作用，无力应对目前的复杂情况。值得一提的是，在水体治理方面，两省签订《湘赣边区域河长制合作协议》，已经迈出重要一步，未来重点把握以下几点。

一是深入挖掘生态补偿长效机制的深层内涵。要以区域发展平衡为目标，关注如何确定补偿标准、如何实施补偿、如何获取国家支持等。要从摸索建立单一生态补偿机制到形成生态补偿长效机制，后者是依据生态保护公共性、外部性特征，坚持谁受益谁补偿原则而建立的一系列经济、行政和法律手段的总和。要尽快实施区域横向生态补偿措施，这是生态补偿机制长效化的主要手段，是为实现跨区域生态保护可持续发展而形成的科学化、规范化、制度化的重要举措，其成本可分担、效果可评估、作用可持续，是生态补偿长效机制发挥良好作用的有力途径，可促进治理形态从原有的以行政方式为主向以市场机制为基础的区域生态公共管理模式转变。

二是不断完善生态补偿长效机制的实施路径。湘赣边区加快完善生态补偿长效机制，充分激发该地区绿色协同发展的内生动力，势在必行，需在以下几个方面发力。

第一，注重多方实质参与。赢得利益相关方的理解和支持，是边区生态补偿取得实效、实现长效的重要基础。要开展多种形式的宣传教育活动，强化公众对生态补偿重要性和紧迫性的认识；健全信息公开机制，及时发布生态补偿相关信息，保障公众对生态补偿的知情权、监督权；吸收一定数量的专家学者，参与制度设计和政策制定，为科学决策提供智力支持；发挥区域内 NGO 的作用，对生态补偿事宜进行跨行政区的监督。

第二，厘清补偿主体责任。主体责任清晰明确，各方积极性才能充分发挥。边区政府应继续做好生态补偿的协调和监督，积极发挥导向作用，带动各地积极参与生态补偿。同时，加快相关市场领域的改革，尽早实现利用市场手段进行补偿。对于边区所涉流域，可进一步推动建立上中下游协调补偿机制，原则是：下游受益主体补偿中上游受损主体的生态破坏损失，在此基础上综合衡量各种补偿方式，最终实现区域补偿的合理化。

第三，科学确定补偿标准。利益相关方协商和市场定价机制相结合，是未来边区生态补偿标准制定的基本方向。应建立生态资源统计报告制度，分年度对各类生态资源投入情况进行专报，为相关标准的制定提供客观的核算依据。可考虑引入第三方生态价值和环保成本独立评估，核算生态服务补偿标准。根据经济社会发展和环保形势变化，建立补偿标准动态调整机制，可考虑根据实际情况每几年调整一次，充分激发生态服务提供方的积极性。

第四，促进补偿多元化。促进补偿多元化包括来源与形式多元化。逐步实现财政专项、社会投资等资金来源的多样化，推动政策、项目、技术、实物等补偿形式多元化，强化生态补偿的持续性。需考虑逐年提高生态补偿资金占财政支出的比重，设立边区生态补偿专项资金，实行专门账户独立管理。

第五，建立健全保障机制。系统建立评估、监督、立法执法机制，是促进边区生态补偿和治理常态化、高效化的重要保障。可考虑建立边区生态补偿常设机构，负责生态补偿重大事务决策与协商平台建设；建立区际生态补偿评估机制，对补偿标准、补偿形式、补偿效果进行客观动态评估；建立生态补偿监督考核机制，对补偿资金的筹集到付、规范使用等事项进行督察，确保生态补偿资金用在实处；推动生态补偿机制法治化，尽早推动边区生态补偿协同立法，推进实现生态补偿有法可依，用法律法规保障区域生态利益的公平分配和经济社会成本的合理共担、可持续发展。

5. 针对市场化生态产品（含交易、规费、税收、基金、债券等）的价值实现路径

第一，培育市场机制。充分利用新的环境政策，发展生态保护和环境治理市场，进一步使市场在资源配置中起决定性作用，以便更好地发挥政府作用。适时开展生态补偿税（费）试点工作；加快构建更多利用市场手段和经济杠杆治理环境和保护生态的有效机制，促进环境污染第三方治理、合同能源管理、合同节水管理、资源循环利用服务业、环境综合治理服务托管服务业等新业态加快发展；探索多种类型的产权交易形式，发展湘赣边区区域生态产品，推进实行排污权交易、碳排放权交易、用能权交易、水权交易等区域试点，尝试生成环境污染责任保险、企业环境信用评价、绿色信贷、基金、债券等环境产品，不断挖掘和实现生态产品的市场价值。

第二，构建追责制度。可逐步建立并开展追责制度，针对不同类型和程度的生态环境损害，实施相应的赔偿管理办法。针对企业和个人违反法律法规、造成生态环境严重破坏的行为，加快健全生态环境损害赔偿方面的规章制度、评估方法和实施机制，强化生产者环境保护的法律责任，大幅提高违法成本，让组织和个人都树立起“依法治区、法律先行”的理念，让“环境有价、损害担责”的意识深入人心。充分发挥“法治严惩+道德规劝”的结合优势，形成从“不敢破坏环境”到“不愿破坏环境”，最后到“不想破坏环境”的自觉保护环境行为，为生态文明建设保驾护航，最终实现生态文明示范区的可持续和高质量发展。

武　红　赵　峥　执笔

专题七

湘赣边革命老区协同保障和改善民生研究

内容摘要：湘赣边革命老区民生事业发展滞后，主要依靠上级财政转移支付和政府性融资。从具体问题看，主要是财政保障不足、投入模式单一、要素支撑不力、要素流动不畅、区域合作松散，加之现行社会保障制度、人口流动及快速老龄化等因素，地方政府保障和改善民生的压力较大，离实现全面建成小康社会的目标还有一定距离。建议以基本公共服务均等化为突破口，从健全完善沟通协调机制、强化政策扶持机制、推动区域内公共服务共建共享、加强和创新社会治理等维度来协同保障和改善湘赣边革命老区的民生状况。包括建立常态化交流平台和高效协调机制，深化省、市、县三级联席会议制度，在转移支付、政策性信贷、税收支持等方面给予倾斜，优化区域资源配置、推动区域人力资源市场一体化，提高基本公共服务覆盖面和保障水平，以及打造共建共治共享社会治理格局等多层面的举措。

关键词：湘赣边　民生事业　公共服务　协同改善

由于基础薄弱、资源禀赋和区位条件等因素制约，革命老区是我国经济社会发展不平衡不充分、矛盾较为集中明显的区域类型，也是脱贫攻坚的主战场。习近平总书记多次强调“加快革命老区发展，让老区人民共享改革发展成果，是我们永远不能忘记的历史责任，是我们党的庄严承诺”。在此背景下，如何协同保障和改善湘赣边革命老区的民生问题，既是一项重大的政治任务，也是实现“两个一百年”宏伟目标的基本要求。本文基于对湘赣边革命老区民生事业发展状况及问题的分析，针对性提出构建湘赣边革命老区民生普惠共享政策体系的实施路径、工作重点和保障机制。

一、湘赣边革命老区民生事业发展概况

民生事业主要涉及人民群众日常生活的实际问题，包括收入分配、基础教育、医疗卫生、脱贫攻坚和社会治理等诸多方面。保障和改善民生是政府的重要职责，也是推动湘赣边革命老区高质量发展的题中之义。总体看，湘赣边革命老区 24 个县（市、区）户籍人口 1365 万人，2018 年湘赣边区人均 GDP 为 37228 元，仅相当于全国人均 GDP 的 57.6%，明显低于湖南人均 52949 元和江西人均 47434 元。由于经济基础相对薄弱，湘赣边革命老区的民生发展明显滞后，主要依靠上级财政的转移支付和政府性融资。加之现行社会保障制度、人口流动及老龄化等因素，给地方政府保障和改善民生带来了较大压力。

（一）收入分配

收入分配状况直接决定了人民群众生活水平。近年来，湘赣边革命老区在国家实施新型城镇化战略、推进脱贫攻坚的大背景下，因地制宜、统筹谋划，积极推动特色产业发展，有效提升了城乡居

民的整体收入水平。但由于革命老区就业机会少、居民创收渠道单一，收入总体水平不高、稳定性较差。从居民可支配收入看，2018年全国城镇居民人均可支配收入 39251 元，农村居民人均可支配收入 14617 元，城乡人均可支配收入差距为 24634 元。而湘赣边革命老区 24 个县（市、区）中，仅浏阳、醴陵的城镇居民人均可支配收入高于全国平均水平，其余县（市、区）的城镇居民人均可支配收入均低于全国平均水平。同样，湘赣边革命老区大多数县（市、区）的农村居民人均可支配收入也低于全国农村平均水平（见图 1）。

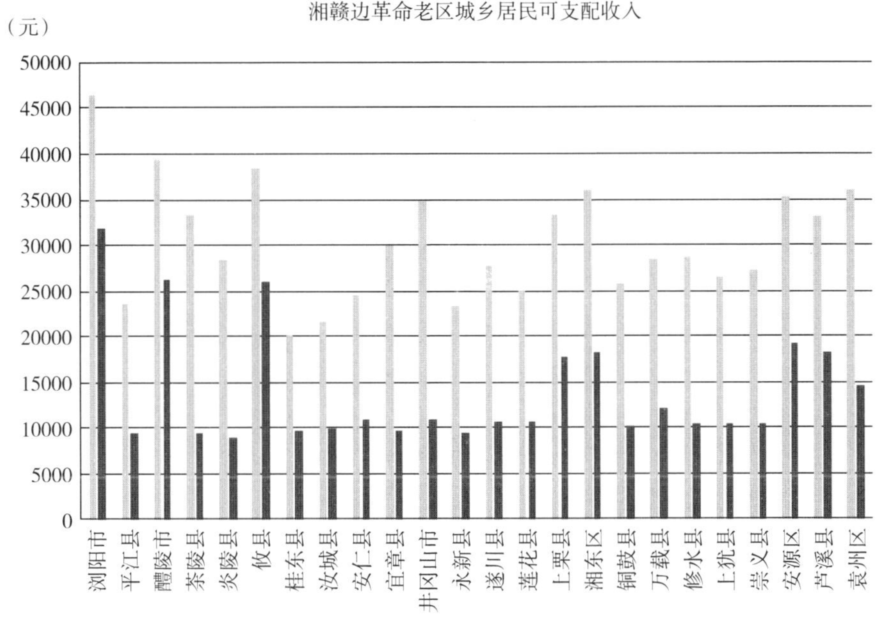

图1　湘赣边2018年城乡居民可支配收入对比

资料来源：根据湘赣边革命老区24个县（市、区）统计数据整理绘制。下同。

从贫富差距的相对值比较来看，湘赣边区只有浏阳、醴陵、攸县的城乡居民收入差距小于全国平均水平，其他 21 个县（市、区）的城乡居民收入差距均明显大于全国平均水平（见图 2）。这说明湘赣边革命老区大部分县（市、区）存在城乡收入差距过大现象，这既是妨碍城乡融合发展的重要因素，也是全面建成小康社会亟待破解的难题之一。总之，实现湘赣边革命老区高质量发展不仅要妥善解决居民收入水平相对落后的局面，还亟须破解区域内城乡居民收入差距过大的问题。

图2　湘赣边城乡居民可支配收入相对值对比

（二）基础教育

近年来，湘赣两省大力推进教育强省战略，切实发挥教育在乡村振兴中的积极作用，无论是教育资源配置、师资力量培养，还是硬件设施建设和教师待遇标准等方面都有了明显改善，终止了湘赣边革命老区在校学生数量急剧下滑的趋势，入学人数逐年回暖攀升（见图 3、图 4）。

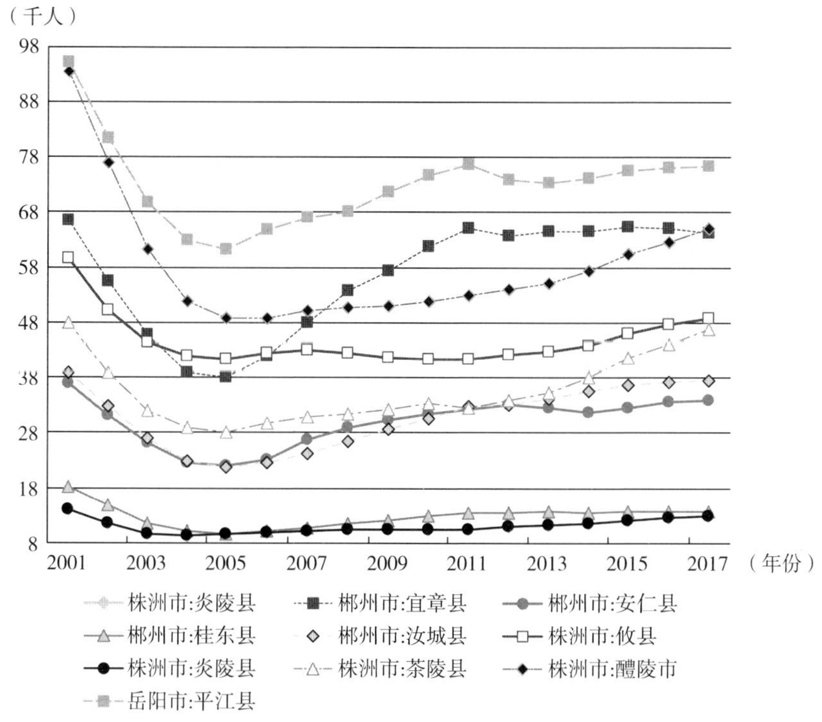

图3　湘赣边湖南10县（市、区）小学生数量变化情况

湖南2006年以来通过实施农村教师公费定向培养，不断加大经费投入，有序扩大培养规模，先后为湘赣边革命老区的8个县（市、区）补充农村教师4388人。2015～2019年湖南以国培、省培项目为载体，投入专项资金约1530万元，为湘赣边革命老区培训教师51145人次，并将湘赣边相关县（市、区）纳入"互联网+教育"计划重点支持地区，积极推动中小学宽带接入的全覆盖。江西则着力优化教育支出结构，注重对革命老区基层教育的财政扶持，出台了一系列加强乡村教师队伍建设的政策措施，包括保障乡村教师待遇、实施乡村教师补充计划等，取得了一定成效。但总体而言，湘赣边区基础教育发展还面临不少困难和问题，突出表现为：公办幼儿园占比较低，比如湖南公办幼儿园在园幼儿只占全部在园幼儿的23.75%；义务教育一体化发展水平不高，乡村小规模学校和乡镇寄宿制学校办学条件仍然薄弱，仍不同程度存在失学辍学现象；教师队伍的学科和性别结构失衡、优秀师资匮乏。

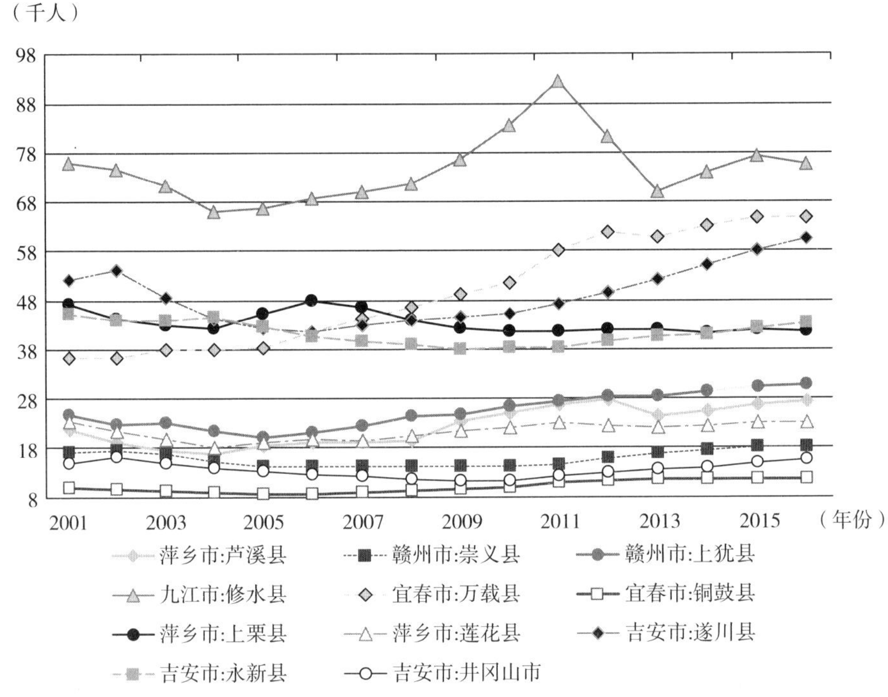

图4 湘赣边江西11县（市、区）小学生数量变化情况

（三）医疗卫生

尽管湖南、江西两省在加大对边远地区特别是湘赣边革命老区的医疗卫生经费投入，但医疗资源不足仍是制约老区民生发展的主要瓶颈。据统计，2017 年湘赣边革命老区每千人口床位数为 4.42 张，明显低于湖南省 6.59 张和江西省 5.06 张。同在湘赣边革命老区，湖南境内县（市、区）与江西境内县（市、区）每千人口病床数亦相差悬殊，前者为 5.10 张，后者为 3.41 张。每千人口卫生技术人员，湘赣边革命老区仅为4.45人，而湖南省的均值为6.10人、江西省为5.10人。综合来看，无论是病床数，还是卫生技术人员数，均难以满足老区人民日益增长的健康卫生需求。特别是诊疗技术等软实力明显落后，容易造成因病致贫、因病返贫，加重患者和家庭的治疗负担。

（四）脱贫攻坚

湘赣边革命老区湖南有 1 市 9 县与江西接壤，其中，茶陵县、炎陵县、桂东县、安仁县、汝城县、宜章县属于罗霄山集中连片贫困县，平江县、桂东县、汝城县是国家扶贫开发工作重点县。上述 10 县（市、区）共有贫困村 304 个，建档立卡贫困人口 91345 户、309378 人，目前所有贫困县全部实现脱贫摘帽。江西境内位于湘赣边革命老区的 14 个县（市、区），有 6 个为国家扶贫开发重点县，目前有 5 个县已经脱贫摘帽，修水县也将于 2020 年完成脱贫摘帽任务。整体来看，湘赣边革命老区 24 县（市、区）的经济基础相对薄弱、产业层次偏低、就业机会少、贫困村数量较多，巩固脱贫成果还任重道远。

（五）社会治理

省际交界地区往往具有人口成分复杂、流动性强等特点，是矛盾冲突的多发地，也是社会治理的重点区域。湘赣边革命老区囊括了湖南、江西两省接壤的全部县（市、区），且大部分为贫困山区，给社会治理带来了更大挑战。近些年，湘赣两省积极响应中央综治办等 10 部委联合下发的《关于开展平安边界建设的意见》，联合向沿线有关民政部门下发《关于开展湘赣平安边界建设活动的通知》，并签订了开展平安边界建设活动的协议，共同打击违法犯罪活动，联合处理非法生产案件，促进了省际交界地区的和谐稳定。但由于缺乏省级层面的统一规划和部署、缺乏常态化和实务性工作运行机制，湘赣边警务协作尚处于沿线各县（市、区）零散性的、地域化的合作，在协作方式上各地的差异也比较大。

二、湘赣边民生发展不平衡不充分的主要原因

（一）财政保障不足

传统观点倾向于认为民生福祉是“消费性投资”，支出的边际收益不及产业发展、园区开发等“发展性投资”。特别是财力相对薄弱的贫困地区，更愿将有限的财政资金花在投入产出比更高的经济领域，民生事业的经费保障明显不足。以教育支出为例，湘赣边 24 个县（市、区）2018 年的财政专项支出为 181.93 亿元，人均支出 1408.43 元，明显低于湖南人均 1724.10 元和江西人均 2263.77 元。医疗卫生支出方面，24 个县（市、区）专项支出为 117.81 亿元，人均支出 912.19 元，略低于湖南人均 915.65 元，明显低于江西人均 1262.69 元。社会保障与就业领域也同样存在财政投入不足的现象，湘赣边区 2018 年的专项支出为 151.05 亿元，人均支出 1196.51 元，明显低于湖南人均 1603.81 元和江西人均 1640.71 元。

（二）投入模式单一

民生项目一般具有明显的公益属性，特别是欠发达地区的民生项目，通常难以采取纯市场化方式开展建设运营。就湘赣边革命老区而言，民生发展仍主要依靠政府直接投资，社会资本参与程度不高，项目融资方式单一，严重妨碍了民生领域的提质扩容。截至 2019年底，湘赣边革命老区 24 个县（市、区）民生领域的 PPP 项目只有 67 个，

总投资规模 546.4 亿元，只占江西、湖南两省 PPP 市场总规模的 6.1%。这在一定程度上反映了湘赣边地区吸引和利用社会资本的力度明显不足。另外，由于区域价值未能得到充分挖掘，导致湘赣边以土地出让收入为主的政府性基金收入不高，也限制了这些地区获取地方政府专项债的能力，以致民生领域因缺乏多元化投入机制而长期面临资金短缺压力。

（三）要素支撑不力

湘赣边革命老区的经济和民生事业面临人力资源、资金技术等关键要素支撑不力问题。以人力资源为例，湘赣边 24 个县（市、区）中只有浏阳、炎陵、安源等地存在少量的人口净流入，其他地区长期处于人口净流出状态，且面临优秀人才“找不到、招不来、留不住”的问题。例如，炎陵工业集中区新引进企业全面投产后预计新增员工近 8000 人，但县内和周边县（市、区）没有足够的劳动力满足企业用工需求。青壮年劳动力以及医生、教师等专业技术人才的缺失，不仅难以支撑新兴产业的发展，也导致医疗、教育、养老等基本公共服务长期缺位，严重制约了老区发展。例如，江西不少县（市、区）师资力量更为薄弱且存在专业、性别结构不合理现象，尤其缺乏音、体、美专业教师，难以满足当地义务教育的基本需求。

（四）要素流动不畅

各类资源要素在区域内和区际自由流动，有利于优化要素配置结构和提升全要素生产率，从而推动经济结构优化和区域协调发展。湘赣边革命老区经济发展落后、交通基础设施网络不健全、市场化水平以及对外开放程度不高，导致资源要素流动还不是很顺畅。我们调研了解到，规划跨江西、湖南两省的普通国道省道22条，截至2019年12月尚有2条普通国道、16条普通省道没有实现二级以上对接，完成率只有18%，部分省际交界处公路等级相差二级以上，甚至还有不少“断头路”。而且，湘赣边各县（市、区）在质量检测、环保要求、资格认定、市场准入等方面的标准尚未统一，也在一定程度上阻碍了要素的跨区域流动配置。

（五）区域合作松散

2014年，湖南浏阳市首倡发起湘赣边区域合作，与湖南、江西两省10个市县达成了《湘赣边区域开放合作浏阳共识》。近年来，两省就湘赣边协同发展建立了议事协商机制，并编制《湘赣边区域合作示范区发展规划》。针对一些民生问题，双方也积极探索地区间的合作，但依然存在制度化程度低、约束力较弱、利益诉求难以协调等问题，往往各自为政，合作流于形式。以交界地带警务合作为例，由于缺乏省级层面协同、信息沟通共享滞后、制度保障和奖惩约束机制不健全，联防联治工作存在“合作松散、效率不高”等问题。

三、湘赣边革命老区协同推动民生发展的政策建议

针对湘赣边革命老区民生事业存在的问题，建议以基本公共服务均等化为突破口，从健全完善沟通协调机制、强化政策扶持机制、推动区域内公共服务共建共享、加强和创新社会治理等维度构建民生普惠共享的政策体系。

（一）健全完善沟通协调机制，强化政策扶持机制

建立常态化交流平台和高效协调机制，深化省、市、县三级联席会议制度，建立定期协调工作机制，协调解决合作发展过程中的问题，切实加强发展规划、改革联动、协同创新、设施互通、服务共享、市场开放等方面的对接力度。在转移支付、政策性信贷和税收支持等方面给予倾斜，相应降低地方财政配套比例，支持湘赣边革命老区设立发展基金，提高财力保障水平。建立中央国家机关对口支援湘赣边革命老区的体制机制，鼓励社会力量积极参与对口支援，推进湘赣边革命老区与发达地区干部挂职交流和系统培训。

（二）突破体制藩篱，推动区域内公共服务共建共享

教育和公共文化方面。一是提升基础教育的供给能力和水平。支持新建公办中小学、幼儿园，特别是乡村中心公办幼儿园，适度提高公办在园幼儿占比。鼓励采取集团化办学、师资互动、结对帮扶、平台共建、远程共享等方式，促进优质教育资源的合理流动和跨区域共享。优化教师资源统筹配置机制，实施中小学教师“特岗计划”，加大音、体、美等紧缺学科教师的补充，着力破解教师性别及专业的结构性失衡问题。二是打造具有区域特色的职业教育体系。针对中药材、花炮、陶瓷、红色旅游、特色农业等老区特色产业的发展需要，加强职业技能的集中培训。鼓励行业龙头企业和湘赣两省的重点院校共建产教融合实习、实训或实践基地。鼓励采取PPP模式支持社会化培训基地的投资建设与运营。三是扩大公共文化产品和服务供给，深化结对合作，推动公共文化资源共建共享。加强区域文化交流，充分挖掘红色文化的深刻内涵和外延，探索红色文化与革命老区自然风光、农耕文明、历史古迹有机融合的乡村振兴之路。

医疗卫生方面。一是健全专业人才培养机制。加大对全科医生培养基地的建设投入，对医疗卫生人员定期开展业务培训。二是搭建医疗卫生信息共享平台。逐步实现医疗服务、公共卫生、药品供应以及综合管理等应用系统的互联互通。推进“医联体”“医共体”建设，建立健全分级诊疗体系。利用“互联网+”大力发展远程医疗，共享区域优质医疗资源。三是完善一体化的社会保障统筹机制。建立城乡一体化的社会保障体系和保障标准的动态调整机制。推进湘赣边各县（市、区）在养老、失业、基本医疗保险等方面的资格互认和无障碍转移，优化异地就医转诊和医疗费用直接结算服务。

（三）加强人才工作，推动区域人力资源市场一体化

一是推动区域人力资源市场一体化，建立区域发展人才联盟。整合公共就业和人才服务平台，完善人才评价标准和人才引进政策，推动区域从业资格、职称评定等各类标准的互认。减少人才跨地区流动在教育、社保、公积金、生育等方面的政策壁垒。通过挂职交流、联合培养、人才信息共享等方式，实现高端人才共引、急需人才共育、领军人才共用、发展经验共享。加快研究制定区域人才需求目录，以产业需求推动人才供给侧改革，提高产业人才供求匹配精准度。二是加大共性技术、公共领域的人才培养，提高老区劳动者技能素质。支持企业联合办学和订单式培养人才，落实就业培训补贴政策。增强“乡村教师定向培养”“农村订单定向医学生”“基层农技特岗人员定向培养”“乡村人才培育工程”等人才培养计划实施力度，为老区民生事业补充专业人才。三是加大人才引进力度。在场地、税费、信贷等方面，鼓励支持大学生、外出务工人员返乡创业。引导具有一定工作经验和专业技能的离退休人员返乡生活生产，改善农村人口的知识结

构和基层治理能力，促进城乡资源的对接和释放。四是依托“互联网+”、人工智能等现代技术手段，提升流动人口管理和服务水平。进一步完善居住证管理制度，确保外来人口，尤其是随迁人员在居住地公平享受基本公共服务。

（四）创新社会治理，推动区域内多元主体共建共治

一是健全湘赣边区联防协作机制。在前期探索基础上，在县（市、区）层面成立联防工作领导小组及其办公室，统筹协调、牵头组织开展联防工作，将联防工作纳入年度平安建设（综治工作）要点，确保有机制、有机构、有人员、有落实。建立相关职能部门联动协作机制，在议事协调、打击犯罪、矛盾联调、问题联治、工作联动、重点人群管控等方面，统一办事章程、加强联合执法、形成工作合力。二是建立社会治理综合指挥平台。加强湘赣边县（市、区）资源整合，建立包括智慧交通、卡口、“天网”“地网”统一接入、即时切换、互联互通的综合指挥平台，共享信息数据。整合交界地区的巡逻防控力量，建立联合巡防工作机制，特别是在集市墟场、重点路段、重点场所等，开展定时巡逻和法制宣传，调处矛盾纠纷，处置突发事件。三是探索建立重大突发事件应急指挥运行机制。建立省级层面主导协调的联合指挥机制，在情况互相通报、应急资源保障、信息通信保障、应急监测响应、应急救援等方面，加强顶层设计，明确工作规程，开展联合行动。四是积极推动构建多元主体参与的社会治理模式。由政府、社会组织、企业、社区（村庄）、居民通过合作型伙伴关系，依法依规对区域内的社会事务和社会生活进行规范管理，不断提升公共事务管理的透明化、民主化和科学化水平。

总之，协同保障和改善民生，关系到老区的长远发展，符合老区

人民的热切期盼。无论是教育医疗等基本公共服务的共建共享，还是政务警务的共建共治，都能极大提升资源要素的配置和使用效率，给老区人民带来更多实惠。因此，要坚持从人民群众最期盼、最关心的问题着手，尽力而为、量力而行，扎实做好普惠性、基础性、兜底性民生建设，进一步夯实湘赣边革命老区振兴与合作发展的社会基础。

周灵灵　张　琦　执笔

区域一体化发展理论与经验

新时期跨区域治理与政府合作机制研究

内容摘要：传统的治理模式难以满足新时代对“治理现代化”的迫切要求，创新治理模式，推动跨区域治理与协同发展成为各地的必然选择。近年来，我国在区域协调发展方面取得了一定成效，长三角等区域在消除区域壁垒、促进区域一体化发展等方面也取得了不少成果。但总体来看，我国的跨区域协同治理与政府合作在体制机制改革、法律制度保障、治理能力提升等方面仍存在许多亟待突破的难点问题。本报告对跨区域治理的国内外经验进行梳理，并深入剖析当前中国在这一领域面临的主要挑战。基于既有经验并借鉴国外的成功做法，报告提出对湘赣边区未来推进跨区域治理和政府合作的若干启示和建议。未来需着重在构建多层次治理体制机制、实施动态监督评估、提高治理技术水平、促进跨域协同治理精细化等方面下大力气，探索建立跨域协同治理试验区，通过试点试验获取可复制推广的经验，推动湘赣边区建成长江经济带区域协调发展的典范区域。

关键词：跨区域治理　政府合作　治理模式

实施区域协调发展战略是新时代国家重大战略之一，党的十八大以来，区域协调发展被摆在更加重要的位置，京津冀协同发展、长江经济带发展、粤港澳大湾区建设被纳入国家战略。随着区域合作的成效不断显现，各地纷纷开始在建立健全区域合作机制、区域互助机制、区际利益补偿机制等方面进行积极探索并取得一定成效，区域经济一体化的格局日益凸显。但应该看到，受限于行政区划和管理体制设置等因素，区域合作仍面临重重困境。传统的治理模式难以满足新时代对"治理现代化"的迫切要求，推动治理模式创新，实现跨区域治理与协同发展成为各地的必然选择，本文在辨析跨区域治理概念的基础上，梳理分析跨区域治理的国际经验以及当前中国在这方面面临的主要问题，并对湘赣边区未来推进跨区域治理和政府合作提出若干建议。

一、跨区域治理的理论内涵

20 世纪 90 年代以来，治理理论开始迅速发展，根据全球治理委员会（1995）的定义，治理是各种公共或私人机构管理共同事务的诸多方式的总和，是使利益冲突得以调和并且采取联合行动的持续过程，这既包括强制公众服从的正式制度，又包括公众赞同或认可的各种非正式制度安排。西方公共选择学派认为，政府公共产品的供给既能对行政区域内市场主体产生外部性，也会对行政区域以外的市场主体产生外部性，而无论此外部性是正还是负，都将可能导致政府失灵，这就需要建立一种全新的治理机制和政府合作机制去应对。随着治理理论的持续应用，跨域治理作为公共管理理论的重要分支日益受到学界重视，并成为政府解决区域发展问题的一种新型治理模式。

跨域治理可以从两个角度来理解，一是“跨域”，公共问题跨越行政区划，或者出现在行政区域交界附近。二是“治理”，管理强调通过行政机构单一主体科层式的指令进行，而治理则强调通过多元主体之间的平等沟通与互动协作，重视区域整体利益。地方政府间的跨区域治理是一种多元主体的协作治理，包括垂直层面、水平层面和跨部门的协作治理三个维度。垂直协作治理是指中央与地方政府、上下级地方政府间的合作治理，水平协作治理指不同地方政府之间的合作，而跨部门协作治理是指地方政府与企业、公民、社会及非政府组织的合作，其强调多主体间战略性伙伴关系的构建。三个维度均体现了治理的基本特征即多主体性。

总体来看，跨域治理强调中央政府和地方政府合作关系的构建，鼓励地方政府间的联合行动，关注公私伙伴关系的建立，鼓励非政府组织与公民的积极参与，这种多元主体的协同治理将成为解决区域发展疑难问题，实现区域可持续发展的有效治理工具。就我国而言，跨域治理必须立足国情，在传统的行政主导模式的基础上引入治理理念，借助试点示范，推行渐进式的制度创新，构建中国特色的跨区域治理与政府合作机制。

二、国内外跨区域治理和政府合作的主要经验梳理

探索推进区域一体化进程的有效模式和方法，是世界各国中央和地方政府谋求发展、提升竞争力面临的普遍问题。由于各国的历史文化、行政结构等不同，政府合作模式也各不相同，从中寻找成功经验与一般规律，可为推动湘赣边区跨区域治理与政府合作提供借鉴。

（一）美国的城市群多主体合作模式

美国的城市群发展模式并不完全一致，但共同点是多主体化。一种模式是在城市群中建立类似于议会的政府理事会，城市群内各城市政府自愿参加，并分别派出同等人数的代表组成理事会。政府理事会的日常经费来源于联邦政府和州政府拨款、各城市政府的理事会会费以及企业和市民的捐助。为保障政府理事会顺利运行，联邦政府和州政府通常会出台相应的法律。城市群政府理事会的主要职能包括：制定城市群发展规划，对规划实施的过程和结果进行监测、评估，并及时反馈给各成员，以便规划修订完善。与单个城市政府相比，理事会在规划城市群未来发展以及处理内部经济和社会事务时，视角更全面、更宏观，可以更加有效地处理城市群内部问题。例如，可以组织理事会成员城市签订协议，明确各自权利义务，减少"搭便车"现象。协议主要有两类，一类是城市政府间签订关于公共安全、垃圾处理、图书馆等领域的合作协议，一方付费，另一方提供服务。另一类是城市政府间签订分工协议，共同为城市群内提供垃圾处理、污水处理等公共服务。另一种模式是为解决垃圾处理、环保等特殊问题，成立专门的管理机构。比如，成立环境质量委员会，通过立法、成立共同基金来解决环境问题。

（二）加拿大的城市群董事会模式

加拿大大温哥华地区城市群建立了类似于企业董事会的跨区域协调机构——政府董事会，以有效解决城市群发展面临的重要问题。大温哥华地区城市群涵盖温哥华、素里、列治文等 21 个市、区。政府董事会由各城市选举的代表组成，每届任期两年，主要职能包括四个方面：一是负责制定城市群总体发展规划、立法，对城市空间、交通网络等进行科学规划布局，保证城市群内资源共享；二是为城市群及各城市提供高质量公共产品；三是开发建设城市公园、林荫道等绿色空间，保护城市绿地；四是完善社区公共服务设施，提高城市群居民生活品质。政府董事会下设执行委员会，负责落实董事会通过的各项措施，在明确权责的基础上，根据向各市、区提供的服务类型收费，并将其用于市政基础设施建设。可以看出，政府董事会模式强调成员城市地位平等、重视成员权责对等、透明化的决策模式、专业高效的组织运作等因素保证了大温哥华地区政府董事会的成功运转，从而推动城市群实现可持续发展。

（三）日本的都市圈跨区域协调模式

日本大都市圈的人口密度远高于欧美城市，城市政府间合作模式也与之有明显差异。一是官方组织成立跨区域协调机构。为完善对大都市圈的规划和管理，建立国土审议会，在国土审议会下成立由政府、企业、高校科研机构及工会的代表组成的大都市圈整备部会，负责整个都市圈的发展规划、建设和相关协调事宜，同时在国土审议会下设立产业界和学术界专家组成的大都市圈政策工作组，负责大都市圈政策的制定及评估。二是解决政府间合作问题的过程中特别重视立法保障。自 1956 年起就先后颁布及修订《首都圈整备法》《近畿圈整备法》和《中部圈整备法》，并出台相应的配套法律法规，为大都市圈规划、管理提供法律依据。大都市圈规划从整体上权衡每个成员城市的利益，政策实施力度不区分城市等级，例如，在交通基础设施规划、城市空间利用、环境治理、信息共享等方面，无论是中心城市还是卫星城都能享受同等政策。三是政府间合作过程中特别重视民间组织的作用。例如，日本关西地区成立了非营利性的民间组织关西经济联合会，成员包括关西地区的主要企业、高校科研机构和社会团体，负责针对区域经济和社会发展重点事务开展课题研究，提出政策建议；为城市群内企业和政府提供专业咨询服务，并积极进行国际交流，寻求合作。相对于政府部门决策机构，关西经济联合会的主体来源多元化，活动经费主要来源于会员单位，能更好地反映出各类市场主体的实际需求，提出更具针对性的意见，从而有效降低政府运行成本。

（四）长三角的“三级运作”政府合作模式

长三角区域一体化至今已有 38 年历程，在区域协调发展方面积累了不少经验，从政府合作看，主要有三个方面：一是建立了决策层、协调层和执行层三级运作的区域合作机制框架。1992 年，长三角相关城市政府即自发建立了城市协作部门主任联席会议制度，1997 年升格为长三角城市经济协调会；2008 年确立了“主要领导座谈会明确任务方向、联席会议协调推进、联席会议办公室和重点专题组具体落实”的区域合作机制框架，实行“三级运作”。目前，决策层以三省一市主要领导座谈会制度为主体；协调层以长三角地区合作与发展联席会议为主体，2018 年又成立长三角区域合作办公室作为日常协调机构；执行层包括联席会议办公室和重点合作专题组，解决长三角一体化中的具体问题。二是在政府引导下推进构建长三角区域一体化市场。2014 年建立长三角区域市场一体化发展合作机制，围绕规则体系共建、创新模式共推、市场监管共治、流通设施互联、市场信息互通和信用体系互认等六个方面，以项目化形式力图打破地区封锁和行业垄断，发挥中国（上海）自由贸易试验区的溢出效应，并已取得积极成效。三是探索建立区域公共治理合作机制。近年来，跨区域公共治理与政府合作已覆盖自然灾害、事故灾难、公共卫生和公共安全等领域，三省一市合作建立应急管理协调机制，应急管理的“一案三制”即应急预案、应急管理的体制、机制和法制建设取得明显成效，跨区域应急管理协同发展水平大幅提升。

通过美、加、日三个发达国家以及长三角城市群进行府际合作与协同治理的案例，可以看到有四个方面可供湘赣边区借鉴。一是推动制定法律法规，保证政府间合作各方的权利与义务，避免合作中的推诿扯皮现象，促进合作项目稳定运行。二是构建由决策层、协调层和执行层组成的多层次政府合作机制框架，通过政府引导式项目合作推动区域市场一体化。三是设立专门的专业化协调机构，积极运用现代治理技术、提高组织工作效率，促进资源利用最大化。四是多元主体参与，引入由社团、企业、专家学者组成的第三方机构进行专业化的评估监督，推动合作方案的贯彻落实。

三、当前我国跨区域治理与政府合作面临的挑战

近年来，我国在区域协调发展方面取得了一定成效，长三角等区域在消除区域壁垒、促进区域一体化发展等方面也取得了不少成果。但总体来看，我国的跨区域协同治理与政府合作在体制机制改革、合作方案落实、治理能力提升等方面仍面临诸多挑战。

（一）政府决策缺乏制度保障，合作难持久

跨区域治理制度是地方政府处理跨区域公共事务的依据，有助于调解区域之间的资源利益冲突、增强激励。然而，现阶段我国跨区域协同治理的制度化程度较低，缺乏法律制度保障，主要依靠非正式制度来协调。与跨区域公共问题不确定性日益增加的现实需求相比，府

际合作协同治理的制度建设大大滞后。例如，地方政府之间往往基于联席会议协商达成的承诺开展跨域合作。由于我国尚未颁布专门的法律法规来规范跨区域治理与政府合作，在实施一些合作层次较浅、难度较小的项目时，非正式的协调制度能够发挥一定的作用，甚至因为无法律法规约束，地方政府操作更便利、更灵活。一旦涉及各方核心利益，这种非正式协调制度的缺陷便凸显放大，难以达成共识。一方面，在建立合作机制以及合作中处理争议时没有法律依据，政府间达成的合作协议容易流于形式，难以落地，且这种非正式协调制度极不稳定，极易受地方主政官员个人偏好、职务变动等因素影响。另一方面，现有绩效考核体系并未考虑本地政府行政作为对邻近城市社会福利的外部性，对于跨域协同治理中的横向补偿问题等制度建设上存在短板，在发达地区与欠发达地区之间、资源输出地与输入地之间的利益补偿问题尤其突出。根据公共选择理论，政府官员也是追求自身利益最大化的“经济人”，如此一来，由于相关法律制度缺失，实施跨区域治理时政府间合作容易陷入“囚徒困境”。即在给定的条件下，不管对方怎样选择，一方选择背叛比选择合作能够得到更高的收益，但由于双方都这样认为从而都选择背叛，最终导致政府间的战略合作流于形式。

（二）执行过程缺乏评估监督，贯彻落实难

从实践看，执行过程中需要对跨域协同治理与政府合作的绩效进行评估、监督并建立反馈纠偏机制。在跨域协同治理中，由于政府间合作往往依赖于地方主政官员的口头承诺，但这种合作形式其实只是在表达合作意向与合作愿景，本身并不受任何刚性约束，尤其在目前许多地方政府信用缺失的状态下，仅靠政府官员的承诺更是远远不够。

同时，构建地区协同治理的财政补偿机制也需要对政府合作绩效进行评估，相关制度缺失已成为地方政府间合作落地的一大障碍。长期以来，地方政府官员的绩效考核与任期内的地区生产总值、财政收入等直接挂钩，地方官员很可能因为任期绩效考核而短视，忽视地区发展的长远利益，往往以经济发展为首要追求目标，紧紧盯住本地的经济发展，导致地方保护主义。虽然政府间协商达成的共识渗透在府际合作的协议、宣言中，但往往被搁置或被选择性执行，得不到贯彻落实，偏离了区域合作的本来目的。如果没有健全的评估、监督、奖惩机制作为保障，就无法实现对合作各方的有效激励，政府合作机制无法实现良性运转，跨区域治理必将陷入困境，但在评估监督方案实施中也需解决两大挑战。一方面，实施监督奖惩需要付出时间、人员等种种成本，而收益却为各方共享，因此，当一方认为不对违规行为实施惩罚更有利或成本更低时，会在监督中消极甚至不作为。另一方面，无论是评估还是监督、奖惩，均需明确合作各方的责任。但由于区域公共问题的责任共担和政府部门分割的行政管理模式之间存在冲突，合作各方的责任难以认定，导致跨区域治理中广泛存在政府合作难以规范、违规行为难以制约等问题。

（三）治理技术难以推广应用，治理能力亟待提升

近年来，以“移、大、云、物、智”为代表的新一代信息技术为公共治理突破时间与空间的限制提供了技术支撑。数字经济时代，治理效率的提升很大程度上依赖于信息的传播速度，新一代信息技术的广泛应用不仅为跨区域协同治理提供了信息交互平台，破解了跨域治理的技术难题，还对传统的治理思维和治理方式形成颠覆式冲击，能够有效推动城市治理体系和治理能力现代化。但现阶段，地方政府运

用大数据、云计算、人工智能等新一代信息技术提升其协同决策能力、政策执行力的能力还有待提升，数字政府建设有待提速。2012年以来，随着网络强国战略、国家信息化发展战略、国家大数据战略、“互联网+”行动计划等重大战略相继颁布实施，数字中国建设如火如荼。随着数字政府建设的不断推进，各地实施跨区域治理的能力、水平势必迅速提升，但总体而言，跨区域协同治理技术的深度应用还存在诸多障碍。一是部分地方官员喜好凭自身经验决策，不重视、不善于运用大数据等信息技术在提高决策精准性方面的作用，难以识别各类市场主体对重大治理项目的不同诉求，错失区域协同治理的重要机会。二是部分地方官员受限于自身知识结构，对学习新兴的数字化技术有畏难情绪，不主动作为。三是部分地方官员不重视民意调研，在工作对象多元化、利益诉求多样化、网络舆情复杂化的形势下，地方政府协同治理精准程度远远不足，亟须提升利用网站、微信公众号等新媒体平台深入挖掘社情民意信息的能力。

四、推进湘赣边区跨区域治理和政府合作的政策建议

湘赣边区地理相连、人缘相亲、文化相融、经济发展水平相似，具有良好的区域一体化发展基础。借鉴国内外的成功做法，湘赣边区未来需着重解决合作机制构建、有效评估监督、治理技术应用等方面的问题，通过试点试验，在区域治理机制与方式上积极探索创新，逐步推动湘赣边区各县（市、区）一体化高质量发展。

（一）构建“四位一体”治理体制，促进边区跨域治理规范化

加快建立中央、省、市、县四位一体的湘赣边区跨域协同治理体制。

一是构建由决策层、协调层和执行层组成的多层次政府合作机制框架，推动湘赣边区等革命老区一体化发展上升为国家战略。其中，以国家部委、两省主要领导座谈会制度为主体构建决策层机制；协调层机制以推进湘赣边区域合作示范区建设联席会议为主体，设立湘赣边区域一体化办公室作为日常协调机构；执行层机制以各省职能部门为主体，通过专业委员会等形式，解决区域合作具体问题。二是通过政府引导下的项目合作形式，充分利用市场化机制推动湘赣边区在应急管理、基础设施互联互通、生态环境保护、产业合作、信用认证等方面的政府合作协同治理。三是健全府际合作治理制度体系。应借鉴国外经验，在现有法律框架下，加快出台区域合作条例、规章等跨区域治理、政府合作相关法律法规，积极完善法律法规体系和非正式制度体系。建立科学的地方干部绩效考核与评价体系，既要考察其在促进当地经济社会发展方面的政绩，也要关注其在跨区域协同治理中的表现，综合考虑本地政府行政作为对邻近城市社会福利带来的外部效应。

（二）实施动态监督评估，强化边区地方政府合作绩效意识

对湘赣边区各县（市、区）开展的协同治理合作项目实施全过程动态评估、监督，强化边区各级政府合作绩效意识。首先，在协同治理项目规划阶段，地方政府要基于国家政策导向、地方发展战略定位和目标，准确识别战略协同机会，预判跨区域协同治理效果，制定区域战略合作规划，并引入负面清单管理模式，避免项目低水平重复建设。同时，加快建立问责机制，制定统一的问责标准和流程，以引导加强政府间合作，增强跨域协同治理的协调性和有序性。其次，在协同治理项目实施阶段，建立一套协同治理项目考核评价指标体系，既要包含能够反映跨域经济社会发展的可量化指标，也要包含政府服务

质量、公民科学素养等若干软环境指标，以进行动态量化跟踪监测。最后，在协同治理项目完成阶段，为保证客观公正地评估协同治理效果，须保证评估主体多元化，成立一个涵盖跨区域的政府、企业、高校、社会组织、第三方评估机构、媒体、社区居民代表等组成的协同治理绩效评估委员会，并鼓励媒体监督和群众监督，将评估过程置于社会监督之下。

（三）提高治理技术水平，促进边区跨域协同治理精细化

具体来说，一方面，要加快开放共享湘赣边区各级地方政府治理数据，以现代信息技术促进政府合作与跨域治理创新。进一步加快新型基础设施建设，深入推进政府间和政府部门间政务数据资源整合共享，运用大数据、云计算、人工智能等新一代信息技术，掌控跨域治理要素资源动态和治理进程，及时发布跨域协同治理相关政策、项目信息，强化政府对区域经济发展和公共治理的指导作用，通过共建智库、远程培训等方式来强化灾害防治、环境保护、公共卫生安全等领域的治理技术协同，减少地方政府间治理技术水平不均衡导致的协同治理障碍。另一方面，要加强社会治理各类专业化人才队伍建设，加快提升区域公共治理人力资本积累。要加大对各级地方干部的治理技术培训力度，提高地方干部挖掘、运用治理数据的能力，同时，通过灵活的用人制度、薪酬制度吸引高层次人才，促进地方领导干部年轻化、知识化和专业化，尽快提升地方政府协同治理能力的专业化和精细化水平。

（四）创新跨域治理模式，建立湘赣边区跨域协同治理试验区

我国跨区域治理和政府合作缺乏可复制推广的经验，现有的试验

区主要关注经济贸易领域，特别缺乏跨区域治理和政府合作方面的试验区和示范区，建议从湘赣边区 24 个县(市、区)中选择较为成熟的地区作为试点地区，以湘东—醴陵、上栗—浏阳等跨省合作产业园区为重点，建设“湘赣边区跨域协同治理试验区”，探索可复制推广的跨域协同治理经验。一是搭建“理事会 + 执委会 + 平台公司”的三层跨域协同治理架构，构建专业化的跨域治理公共平台，建立健全重大跨域协调治理机制。理事会由湘赣两省政府常务副省长轮值，主要负责研究确定试验区建设的发展规划、制度创新、重大项目、支持政策和协调推进，对两省党委政府负责。同时，积极探索提升跨域治理的社会化水平，广泛吸纳国内外知名企业、国际机构、科研院所、智库等机构代表参与治理。理事会下设执委会，主要负责具体推进实施理事会确定的试验区建设相关事项。平台公司则是市场化的投资运作平台，作为试验区开发建设主体。二是出台跨域治理区域合作相关法律法规。内容可包括：信息公开披露与交流共享制度；在教育、卫生等领域建立社会共治联合行政机制；在招商引资、园区共建、人才流动、技术创新等方面，打造无差别市场化、法治化和便利化的营商环境等。三是注重社会智库、专家学者的决策咨询支撑，总结提炼有望在更大范围推广的实践经验，将湘赣边区建成长江经济带区域协调发展的典范区域，推动全国的跨域协同治理和区域协调发展。

赵 峥 李 粉 执笔

参考文献

[1] 理查德 · C · 菲沃克. 理性选择与区域治理——基于大都市区域治理结构的分析. 国外理论动

态，2015(12): 71–80

[2] 周群. 跨区域地方治理利益补偿问题研究. 山东大学, 2014

[3] 张成福，李昊城，边晓慧. 跨域治理：模式、机制与困境. 中国行政管理，2012(3): 102–109

[4] 杨菁. 城市群政府间合作研究——以杭州都市经济圈为例. 浙江大学, 2016

[5] 魏向前. 跨域协同治理:内生动力、制度困境与机制创新. 领导科学，2016(2Z): 20–22

[6] 白智立. 日本广域行政的理论与实践：以东京“首都圈”发展为例. 日本研究，2017(1): 10–26

[7] 俞慰刚. 日本首都圈政策及规划对长三角城市一体化的启示. 上海城市管理，2018, 27(2): 39–45

[8] 陈建华. 统一的管理组织有利于抑制都市圈城市蔓延吗?——基于长三角都市圈和珠三角都市圈的比较研究. 上海经济研究，2018(07): 54–64

[9] 余璐，戴祥玉. 经济协调发展、区域合作共治与地方政府协同治理. 湖北社会科学，2018(07): 38–45

[10] 何登辉，王克稳. 我国区域合作:困境、成因及法律规制. 城市规划，2018, 42(11): 64–70

[11] 刘亚平，刘琳琳. 中国区域政府合作的困境与展望. 学术研究，2010(12): 38–45

[12] 锁利铭. 地方政府区域治理边界与合作协调机制. 社会科学研究，2014(4): 47–53

[13] 鞠立新. 由国外经验看我国城市群一体化协调机制的创建——以长三角城市群跨区域一体化协调机制建设为视角. 经济研究参考，2010(52): 20–28

美国旧金山湾区一体化发展的经验及启示

内容摘要：旧金山湾区是全球闻名的“高科技湾区”。其一体化发展的主要做法是：依托资源、港口优势和独有的冒险文化，紧抓第三次科技革命的历史机遇，集聚一大批高校、创业创新人才、风投资金等关键创新要素。同时，湾区政府协会和民间游说组织湾区委员会协调各方一体化布局、错位发展，完善了支持风投、支持高技术企业、优化营商环境等法规体系，一体化规划建设了便捷的交通设施，注重提升生态环境。经过一个多世纪的发展，旧金山湾区成为全球重要的经济增长极和创新引领者。我国区域一体化发展首先应建立多方合作机制，完善分工合作、优势互补的城市功能布局，发挥市场在资源配置中的决定性地位，千方百计发展教育、千方百计吸纳全球人才，着力保护生态。

关键词：旧金山湾区　一体化发展　经验启示

湾区一般是指围绕沿海口岸分布的众多海港和城镇所构成的港口群和城镇群。世界顶级城市群大多分布在湾区，湾区已成为全球重要的经济增长极和创新引领者。纽约湾区、旧金山湾区、东京湾区组成的“成长三角”，是全球经济竞争中崛起的著名湾区。目前，三大世界级湾区均已迈入创新驱动阶段，一体化发展实现良性互动。

旧金山湾区是全球闻名的“高科技湾区”。它的形成依赖于当地的资源优势和港口群，发展依赖于第三次科技革命的历史机遇以及各种要素的集聚，进而完善了跨海交通、实现了产业升级，形成了以中心城市为核心、以周边腹地为支撑的开放型经济体系。旧金山湾区已经成为超级大港、商贸枢纽、科技创新和金融服务能力四大功能集成的湾区。据统计，2016 年旧金山湾区 GDP 总量达到 4705.3 亿美元，其中硅谷地区 GDP 占美国 GDP 的 5%，而人口不到全国的 1%，人均 GDP 达到了 11.96 万美元，位列全美第一。《财富》杂志公布的 2017 年世界市值 500 强企业中，总部位于旧金山湾区的共有 28 家；2017 年全美盈利能力 50 强企业中，旧金山湾区占了 10 家之多。截至 2018 年 3 月，全球共有 236 家独角兽公司，美国占 116 家，其中大部分位于硅谷。

旧金山湾区的成功经验对推进实施长江三角洲区域一体化战略具有启发意义。

一、旧金山湾区一体化发展脉络

旧金山湾区是美国西海岸仅次于洛杉矶的最大都会区，由 9 个县 101 个建制市构成。不同于其他以单一城市为中心的大都会区，湾区有数个独特的城郊中心，主要城市包括旧金山半岛上的旧金山、东部的奥克兰以及南部的圣荷西等，总人口数超过 700 万人。从区划上来看，旧金山湾区主要包括 5 个区域，即北湾、旧金山市区、东湾、旧金山半岛和南湾。

（一）依托资源开发和港口优势的发展初期（1848年至19世纪70年代）

黄金矿产资源推动了旧金山湾区的早期发展。掘金潮推动了采金业、冶炼业的发展。加之港湾优势，港口运输业也得到快速发展。人口流动和货物贸易需求，加速了基础设施建设，旧金山湾区对内通过铁路联通内陆，对外通过港口连接太平洋，交通区位优势逐渐凸显。随后，财富快速积累推动了现代金融业发展，富国银行和美国加州银行都是在这期间建立起来的。此外，在淘金移民热潮的带动下，城市化开始起步，湾区人口激增，1851 ~ 1860 年和 1861 ~ 1870 年的两个十年间，人口分别增长 97% 和 133%。

（二）依托基础设施建设和工业化的快速发展期 (19世纪80年代至第二次世界大战)

湾区基础设施不断完善。20 世纪 20 年代，旧金山湾区的高速公路网修建完成，先后建成的 7 座跨海大桥是湾区交通一体化发展的重要里程碑。基础设施完善带动湾区工业化快速推进。19 世纪后期，以奥克兰为中心形成复杂的陆路交通网，奥克兰成为湾区工业中心，湾区东部逐渐形成了一个工业地带，并且逐步扩大到西奥克兰地区。1880 ~ 1890 年，奥克兰制造业产值增加 3 倍以上，成为“铁路城镇的典型”。

（三）依托高科技产业的成熟期(第二次世界大战至今)

二战期间，由于旧金山湾区的重要战略地位，基础设施建设和高科技工业迎来了加速期。战争带来大量军方需求，二战及战后联邦政府在湾区总计投入60亿美元用于军事订单采购，拉动了湾区经济发展。1942年起，湾区陆续建立了多家大型造船厂，制造能力急剧上升。在此期间，人口大量迁入，1940～1950年旧金山市居住人口从63.4万人增长至77.5万人。

硅谷成为世界科技创新中心是从二战期间的电力电子研究开始的。弗德里克·特曼是硅谷的“发现者”和奠基人，20世纪30年代，他资助学生在一间车库内成立了惠普公司（HP），此后“车库文化”影响了一代代硅谷人。1951年，斯坦福工业园区成立，这是世界上第一个研究与产业高度结合的高校工业区，也是高技术产业园区的先驱，带动该地区成为全球顶尖的“科技湾区”。

二、旧金山湾区一体化发展的主要特征

旧金山湾区有其别具一格的特征，如残酷的市场淘汰机制、扁平式的企业管理制度、鼓励创业和冒险的“车库文化”、尊重创造的工程师文化、包容多元的移民文化等，这些特征共同缔造了“硅谷奇迹”。

（一）科技湾区

在世界主要湾区中，旧金山湾区凸显出“科技湾区”的鲜明标志。很多重大科学技术进步和产业突破在硅谷产生，孕育出众多高科技企业。硅谷在历史上诞生了多个“世界第一”，如硅谷的企业发明并大规模生产了真空电子管、集成电路、微处理器、微型计算机等电子产品，并率先将晶体管、国际互联网、浏览技术等实现产业转化并推向全球市场。可以说，硅谷是信息技术革命的奠基者和领导者，领导着信息

技术的每一次潮流，来自硅谷的技术和产品深刻改变了整个世界。

（二）独特的创新机制和创新生态

旧金山湾区的崛起源于独特的创新机制和创新生态，这是其难以被其他地方模仿或复制的核心竞争力。风险投资公司、创业服务机构、高校、创新型企业共同构成硅谷的创新生态圈，科学、技术、生产融为一体，产学研实现无缝对接。大企业、高校、投资人、孵化器共同扶持年轻人创业，创业环境极其优越。硅谷作为高技术创业企业的集聚地，企业生存和发展所需要的所有资源，如人员、资金、服务机构以及它们之间的网络与互动模式等，在硅谷都非常健全。

（三）高校成为创新“发动机”

高校对旧金山湾区的创新生态至关重要。湾区共有 70 多所高等学府，其中 9 所进入 2016 年上海交大世界大学学术排名“全球 100 强”，共诞生超过 150 名诺贝尔奖得主。以斯坦福大学为代表的湾区高校不只是学术象牙塔，而成为高科技产业发展的直接推动者。除了早期惠普公司的“车库传奇”和“斯坦福科技工业园”，后来的思科、苹果、雅虎、谷歌等，都与斯坦福大学密切相关。在科技成果转化方面，斯坦福大学为全球树立了标杆。1980 年国会通过《拜杜法案》后，斯坦福大学形成了以技术授权办公室（OTL）为核心的技术转移服务体系，为职务发明的成果转化提供专业和系统的服务。

（四）人才高度集聚

旧金山湾区适宜的气候条件、雄厚的产业基础以及包容开放的文化，吸引了全球各类人才向湾区集聚。湾区具有突出的教育优势和人才储备优势，据 Bay Area Economic Institute 数据显示，2013 年湾区 25 岁以上人口中接受高等教育的比例为 42%，远远高于美国平均水平 28%，也高于波士顿和纽约。硅谷是美国高科技人才的集中地，科技人员超过 100 万人，在硅谷任职的美国科学院院士就有近千人。

湾区的收入水平和就业环境在全美首屈一指。美国薪资最高的 15 个企业中，9 个在旧金山湾区，硅谷高技术职位的平均年薪高达 15 万美元，在美国居首位。此外，加州不承认“非竞争协议”，人才可以自由跳槽到竞争公司，劳动力市场极具流动性和竞争性。

（五）活跃的风险投资

湾区成为全球科技创新中心的重要因素是风险资本高度集聚、创业服务细致完善。美国 40% 以上的风投基金普通合伙人（GP）集中在湾区，湾区的风险投资规模从 1996 年的 30 亿美元快速发展到 2015 年的 280 亿美元，占美国风险投资总额 45% 以上。每年投资的创业项目超过一千个。层出不穷的创业企业与风险资本形成了良性互动，一方面创业企业吸引大量风投基金落户湾区；另一方面风险投资人积极扶持创业企业成长，使湾区涌现出更多创业企业。英特尔、苹果、谷歌等科技巨头的崛起，早期都离不开风险投资的助力。

（六）产业多元化

除高科技行业外，旧金山湾区的消费、能源、金融、医疗保健等非高技术行业发展势头良好，如能源巨头雪佛龙、金融巨头富国银行均位于湾区。多元化的产业结构为经济增长提供了多重动力。同时，信息技术产业对其他产业形成有效支撑和良性互动，大量科技公司跨界其他行业，用新技术、新模式、新业态改造传统市场，如优步用技术创新开创了分享经济新模式，深刻改变了出租车市场。湾区科技公司不断创造新的商业模式，如物联网、数字医疗、金融科技等，这些新商业模式未来可能颠覆全球商业格局。

（七）冒险文化

旧金山湾区的精神底色是冒险精神，这与前沿技术创新的高风险性相适应，其他地区短时间内难以学习模仿。从最初的淘金热、西部大开发，到后来的科技创业，都体现了湾区的冒险精神。旧金山湾区另一个精神传统是“自由”，加州大学伯克利分校是“自由主义”的桥头堡，自由主义、嬉皮士文化隐含的是叛逆、反权威、不服约束的精神主张，与颠覆性创新有着类似的精神基因。正是旧金山湾区冒险和自由的文化氛围，使其成为创新者的天堂，大量具有冒险精神的创新者被吸引到这里进行高风险的创业活动。

三、政府及非政府组织在旧金山湾区一体化发展中的主要作用

（一）协同、错位，建立区域协调机制

1. 区域协调机制

政府很少干预旧金山湾区的发展定位，包括硅谷的形成和发展都不是政府直接规划的结果。虽然没有高层次（比如州层面）的政府组织和执行湾区经济发展战略，但湾区仍然建立了区域协调机制，在基础设施、生态环境等方面推动区域协同治理。

一是湾区政府协会。这是最主要的一个地区性综合规划机构，也是加州第一个区域性地方政府协会，其成员包括湾区 9 个县、101 个

市镇的地方政府。它的主要任务是强化地方政府间的合作与协调，共同制定区域发展规划，解决土地使用、环境质量、经济发展等问题。湾区政府协会的经费来自联邦和州政府财政拨款、会员会费以及社会资金，这些资金大部分用于区域规划。

二是湾区委员会。这是一个民间地区性商业和经济政策游说组织，对推动区域经济协调发展和区域治理也起到了积极作用。它的使命是通过与区域内企业和公民领袖的合作，促进协调一致的行动，推动湾区经济可持续发展。该组织由企业赞助，自成立起就陆续成立专门的区域性公共监管机构，包括负责监管湾区空气污染的湾区空气质量管理区，负责保护、改善和合理利用湾区的湾区保护和开发委员会，负责规划、投资、协调和管理湾区交通系统的大都会交通委员会，负责筹建并管理湾区电气化轨道交通系统 BART 的湾区快速轨道交通委员会等。

2. 协调城市功能布局

旧金山湾区主要城市之间功能划分较为明确，彼此没有直接竞争关系，相互促进，优势互补，提高了区域整体的发展效率和可持续性。在湾区的三大城市中，圣何塞是高新技术中心，奥克兰是港口工业中心，旧金山是金融文化中心，科技、产业、服务三位一体，共同构筑了全球科技创新中心。

（二）完善法律体系

一是鼓励风险投资的法律。1974 年美国联邦政府通过退休收入证券法，养老基金得以扩大投资范围；1979 年进一步放宽了养老基金对初创企业投资的限制，养老基金成为风险投资的最大资金来源，有效拉动了旧金山湾区的创业活动。

二是支持高新技术企业发展的法律。1982年美国联邦政府通过《中小企业技术革新促进法》，规定政府按法定比例对高新技术企业提供资助和发展经费，支持高新技术企业的研发活动，资助具有技术专长和发明专利的科技人员创办高新技术企业。以法律形式规定有关扶持政策，保证了政策的稳定性和连贯性，吸引了大量风险资本进入高新技术领域。

三是优化营商环境的法律。政府干预主要体现在完善基础制度和优化营商环境上，比如统一制定空气、食品药品的安全标准。同时，政府大量进行基础研究投入和完善科技基础设施，有效支撑了企业的研发活动。政府每年投入上百亿美元进行前沿科技领域的研究，并在湾区内建立了25所国家级或州级的实验室，将湾区打造为知识高地。

四是保护和激励人才的法律。加州法律并不支持“竞业禁止协议”，不限制员工流动和同业竞争。加州法律积极鼓励人才和产业融合发展，如斯坦福大学支持学生和教授使用职务发明创业，并在延长的创业时间内为他们保留学籍或教职。

（三）规划建设发达便利的交通网络

交通一体化是湾区协同发展的基础。在旧金山湾区的发展历程中，交通对区域发展的加速作用是显而易见的。1930年左右的跨海大桥和1972年通车的BART都有效促进了湾区一体化发展。目前，湾区内具备成熟的海陆空交通网络来串联各个功能区。该交通网络由多部门协调统一规划完成，是包含城市公路、铁路、高速公路、桥梁、隧道、机场、港口的庞大网络系统。湾区内共有7个海港、3个国际机场、2个联邦非民用机场及数个国内机场，区域内跨城市公交系统和铁路系统完善，有4条主要高速公路连接湾区内外。基于发达便利的交通网络，湾区城市空间联系紧密，并与全球经贸往来顺畅。

（四）提供生态友好的宜居环境

旧金山湾区本身环境优美、气候宜人，是吸引人才迁入的重要因素。地方政府注重提供生态友好的宜居环境，将湾区打造成全美最宜居的地方。因此，在产业、城市联动发展过程中，湾区政府非常重视保护生态环境，出台了相关的法律和政策严格控制污染：如加州以法案形式规定温室气体减排目标；出台了规划方案引导城市建设以环境保护为重要目标之一，从交通、住房、土地开发等多个方面，协调经济发展、城市开发和环境保护之间的关系。长期以来宜居环境都伴随并推动着旧金山湾区经济发展，为其他地区树立了经济发展和环境保护有机统一的典范。

四、对我国区域一体化发展的启示

旧金山湾区成长为全球耀眼的“科技湾区”，是一个复杂而漫长的过程。通过对旧金山湾区发展特征与历程的梳理，有如下经验与启示。

第一，建立多方合作机制。湾区是一个跨政府和跨行政边界的概念，在湾区的发展过程中，需要企业、政府和社会等多方的合作。如1961 年旧金山湾区成立了区域性地方政府协会（The Association of Bay Area Governments，ABAG），这个协会是一个契约型组织，也是一个正式的综合区域规划机构，其主要任务是强化地方政府间的合作，所以具有跨行政区的特征。又如湾区委员会是一个非政府组织，代表当地 300 多家大企业的利益，包括谷歌、脸书、甲骨文、苹果等。湾区的创新经济是自发性发展起来的，没有政府事先的计划，一些有利于创新发展的关键因素集成在一起，促成了当地创新经济的繁荣。

第二，完善市场机制。重视市场机制配置资源的决定性作用与政府引导相结合，鼓励要素自由流动。尤其是要培育科技服务业等第三产业，这是高技术创业的重要催化因子。政府应致力于营商环境的改善和提升，对重大关键技术和基础研究给予大力支持，并为人才流动创造有利环境。

第三，城市功能分工明确，错位发展，发挥集聚效应。旧金山湾区在发展过程中，形成了中心城市及周边城市错位协同发展的局面，湾区内部城市的功能与产业定位都有鲜明的分工体系，城市间根据自身基础和特色，承担不同的角色。在分工合作、优势互补的基础上形成富有竞争力的湾区城市群。

第四，千方百计发展教育。知识经济的新时代，区域的竞争也是人才的竞争。以开放的政策、包容的文化、宜居的环境，给全世界人才更多进驻的理由和发挥的空间。旧金山湾区聚集了一批美国著名的高等学府及研究性机构，其中有 4 所世界级的研究型大学、5 个国家级实验室，对建设“科技湾区”起到了不可替代的作用。

第五，善用湾区自然景观与空间特征，着力保护生态。较之内陆地区，湾区的环境更加脆弱，治理难度更大，应避免走“先污染、后治理”的老路，重视有限的资源环境承载力与长期发展之间的矛盾，合理规划和布局，约束各类盲目开发行为，实现绿色增长。

杨维富　执笔

东京都市圈一体化发展的经验及启示

内容摘要：东京都市圈一体化发展的主要经验可归结为以下几个方面：科学规划，有效统筹；专业分工，错位竞争；交通先行，补齐短板；多核驱动，协同发展；财税引导，尊重市场；陆海统筹，港城一体。这些经验是过去几十年日本政府实践探索的缩影。但对于环境保护，东京都市圈曾误入歧途，实际上走了先污染后治理的路。本文聚焦人口集聚和虹吸效应，探讨我国区域一体化发展过程中需要注意的问题。尽管人口仍有向大城市流动集聚的趋势，但其规模和增长率会随着人口结构变化而不可避免地进入平台期，需善加借助相对有利的“时间窗口”，解决好户籍城镇化和社会保障的区域统筹等民生问题，加快构建普惠共享的公共服务体系，为高质量发展涵养长期动能。同时推动高层次组织协调机制的建立健全，优化区域竞合格局，分阶段分领域梯次推进区域一体化，抑制虹吸效应。

关键词：东京都市圈　一体化发展　人口集聚　虹吸效应

当前，都市圈、城市群已成为全球范围内国家和区域空间发展的主要形态，它们既是经济和科技创新活动的重要载体，也是巩固和培育全球竞争力的重要依托。东京湾区作为世界著名的湾区，是日本最重要的工业带和城市群，其经济总量约占日本全国的1/3，东京都市圈便是依托东京湾发展壮大起来的。在过去几十年的演变发展中，东京都市圈一体化发展积累了不少宝贵经验，能为我国加快粤港澳大湾区建设、推进长三角和京津冀等区域一体化发展提供镜鉴。

一、东京都市圈地域范围和发展概况

东京都市圈位于日本关东地区（Kanto），是日本经济总量最大、人口最多的城市群。东京都市圈在地理上可统称为“一都三县”，即以东京都（Tokyo）为中心，北至埼玉县（Saitama），南达神奈川县（Kanagawa），东至隔东京湾相望的千叶县（Chiba）[①]，地域面积13376平方公里，约占日本国土面积的3.54%。其中，千叶县的面积最大，约为5083平方公里，超过东京都与神奈川县的面积之和，占东京都市圈地域面积的38%。东京都市圈的东京、埼玉、千叶三座核心城市分别与各自所在的都、县同名，神奈川县则以川崎和横滨两市为中心。神奈川县南部的横须贺和对岸千叶县的木更津市凭借港口成为东京湾区城市群的重要组成部分，再向南有三浦和房总半岛环绕，使得东京湾区大体上呈收口状。

在地理区位上，东京都市圈的形成和发展得益于东京湾优越的港口条件，毕竟这里是日本中东部地区沿太平洋的出海口。特别是20

① 有学者认为东京都市圈应当包括更大的地域范围。例如，刘祥敏、李胜毅（2013）认为应包括东京、埼玉、千叶、神奈川、茨城、枥木、群马、山梨“一都七县”，总面积33933平方公里，约占日本国土面积的9%。本报告认为这种划分方法实际上包括了整个日本关东地区，地理范畴过大，故采用大多数研究者认定的“一都三县”。

世纪50年代以来，随着日本工业化和城市化进程的加速推进，人口、资金、技术等各类要素大规模向东京都地区流动集聚，东京都的经济结构也随之发生了大调整。在发展的早期，东京都以钢铁、化工、造船等资本密集型产业为主，形成了日本关东地区经济发展的强大聚合力。从20世纪70年代中期开始，东京都立足产业结构升级的需要，将制造业特别是重化工业逐步外迁到周边的埼玉县、千叶县和神奈川县，这些县的工业经济由此进入快速发展时期。与此同时，以东京为核心的东京都市圈开始形成。

21世纪以来，日本政府力图通过提高产业集聚度来提升国家竞争力，推出了日本版的产业集群政策。按照日本经济产业省的表述，2001 ~ 2005年为产业集群启动期，2006 ~ 2010年为产业集群发展期，2011 ~ 2020年为产业集群自主成长期（Industrial Cluster Autonomous Growth Period）[①]。在此过程中，东京都市圈也在调整和优化经济结构。尤其是东京圈，作为日本“国家战略特区”[②]，日本政府将其定位为“国际化商务及创新产业基地”，并给予一定的优惠政策，比如神奈川县的优惠政策主要包括税额扣除（削减固定资产税、事业所税、房地产税）、补贴（补助办公地租赁费等）和低息融资，其产业形态发生了较大变化。从主导产业看，目前东京都地区主要集聚了金融、商贸、总部经济和信息服务等产业形态，埼玉县主要是制造业、建筑业和交通运输业，千叶县的交通运输、机械和钢铁工业很发达，神奈川县则重点发展机械工业、电子信息、石化和港口经济（见表1）。显然，东京都市圈“一都三县”的产业发展各有侧重。

① 详情可参看日本经济产业省的相关介绍，网址：https://www.meti.go.jp/english/。

② 日本国家战略特区，是2012年12月上台的安倍政权经济成长战略中的重要一环，旨在加大战略特区经济政策的放宽力度、激发民间投资活力从而促进经济增长。

表1　东京都市圈“一都三县”和主导产业

“一都三县”	辖区面积（km^2）	中心城市	当前主导产业
东京都	2109	东京	金融、商贸、信息产业、总部经济
埼玉县	3768	埼玉市	制造业、建筑业、交通运输业
千叶县	5083	千叶市	交通运输、机械、钢铁、港口经济
神奈川县	2416	横滨市、川崎市	机械、电子、石化、港口经济

资料来源：根据日本经济产业省、总务省统计局等资料梳理。

根据日本总务省统计局发布的《日本统计年鉴2019》数据测算，2017年东京都市圈总人口3644万人，占日本全国人口的28.76%；2014年东京都市圈的地区生产总值为166.18万亿日元，占当年日本国内生产总值的32.31%，其中，东京都占到了日本国内生产总值的18.45%。事实上，20世纪90年代以来，东京都市圈在日本经济总量中的占比就在逐年小幅攀升（见图1），东京在东京都市圈一体化发展和提高集聚度方面起了很大作用，其核心地位也愈加稳固。

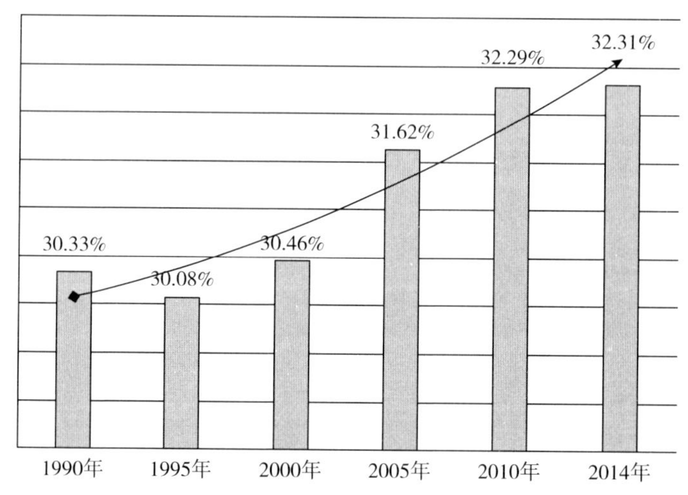

图1　东京都市圈地区生产总值占日本GDP的比重

资料来源：根据日本总务省统计局《日本统计年鉴》相关年份数据测算绘制。

二、东京都市圈一体化发展的主要经验启示

日本是世界上最早提出都市圈概念并对都市圈进行规划的国家，这使日本在都市圈规划与协调发展方面积累了丰富的经验。作为日本三大都市圈中最为重要的都市圈，东京都市圈的形成发展既是核心城市东京发挥扩散效应的必然产物，也是科学规划、有效统筹、专业分工和错位竞争等因素的结果。东京都市圈的发展大体经历了“强核”“外溢”“布网”“整合”“耦合”等阶段（刘祥敏、李胜毅，2013）[①]，各阶段皆包含着日本政府的实践探索。概括起来，东京都市圈一体化发展主要有以下几个方面的经验及启示。

（一）科学规划，有效统筹

东京都市圈在其发展过程中一直十分注重区域规划，将不断扩张的都市圈作为一个整体纳入规划，尽可能促进都市圈内各地域的协调发展。1950 年，日本政府为了东京都的尽快恢复与发展，成立了首都建设委员会。1956 年，日本颁布《首都圈整备法》，将首都建设委员会升级为总理府下属的首都圈整备委员会。1958 年，《第一次首都圈建设规划》出炉，主要是仿照 1944 年大伦敦规划，提出建立卫星城市和调整东京城区的建设；1968 年，《第二次首都圈建设规划》对绿带规划做了调整，为疏散东京的功能，该时期建设了大量的铁路、公路连接区域内各主要城市，以实现构造广域都市圈的设想。此后无论机构如何改变，都会每十年左右根据国际环境变化和国内战略需求做

---

① 也有学者按照日本政府从20世纪50年代制定的《第一次首都圈建设规划》开始到20世纪末完成的五次规划过程，将东京都市圈的发展分为雏形期、扩张期和成熟期三个阶段（张晓兰、朱秋，2013）。

适应性调整、完善出台一次首都圈建设计划。2004 年日本政府退出全国性国土开发规划的编制，交由各都市制定自己的发展规划，中央政府更多地转变为发挥协调与政策统筹功能。如此，都市圈内城市可以根据各自特点制定更加符合实际的发展规划，中央政府则以“总协调人”的方式确保充分发挥都市圈内各城市的比较优势，促进区域协调发展。

值得强调的是，日本的规划体系非常注重“前后衔接一致”，可以规避主政官员变动和其他因素带来的干扰，能够从事前、事中和事后三个层面全程保障规划体系的实施。特别是，为了避免决策主体和利益主体的矛盾以及对某地区的倾向性照顾，通常是立足于都市圈发展大局、从宏观层面进行规划决策。其具体措施包括交通、环境、信息共享和公共服务平台的建立，以及产业一体化与行政体系改革等，这些区域政策的实施不受行政区划的限制，适用于整个都市圈内的成员城市，能够有效破除行政壁垒。

（二）专业分工，错位竞争

东京是东京都市圈的核心城市，也是世界上经济活动最集中的城市之一。东京的强大吸引力使得周边城市一直面临较大的竞争压力，但这些城市并没有被来自东京的竞争挤压、击垮，而是通过建立良好的沟通协商机制，形成了与东京专业分工、错位发展的共赢格局。这种思路既是化解东京中心城区过度膨胀问题的现实需要，也是周边地区加快社会经济发展的合宜选择，实现了“核心—外围”联动发展。具体而言，早在 20 世纪六七十年代经济高速发展时期，东京为疏解中心城区压力、促进产业集群发展，在其中心城区及外围区域合理布局了一批以新城体系建设为支撑的现代服务功能区，形成支撑东京作为国际化大都市的战略性空间框架，并开始实施“工业分散”战略，将一般制造业外迁。实施“工业分散”战略后，机械、电器等工业逐渐从东京中心地区迁移到神奈川县的横滨、川崎等城市，东京中心城区则强化知识密集型产业和高端服务功能，重点布局高附加值、高成长性的现代服务业。1986 年日本建立东京离岸金融市场，金融业迅速发展，制造业加速向周边城市转移。由此，东京从传统工业化时期的一般制造业、重化工业为主的产业格局，逐渐蜕变为以贸易、金融、研发和高新技术产业为主，并从国内大都市发展成为国际化大都市。专业分工、错位竞争不仅使东京免于“大城市病”，而且使其职能定位更加清晰、城市管理水平得到提升，避免了区域产业同构和恶性竞争，使各类资源要素得到合理配置和充分利用，优化了整个都市圈的经济和产业布局，拓展了发展空间。

（三）交通先行，补齐短板

良好的交通基础设施是提升城市功能的重要保障。东京都市圈是一种以轨道交通为中心的交通发展模式，其规划也都遵循公共交通优先原则。东京都市圈的居民也大都热衷于轨道交通，一个重要原因是车站与住处的距离较近。“一都三县”各首府之间在上下班高峰时期，无论是自驾还是乘坐公共交通工具，都能在一个半小时之内实现通勤。东京都都市整备局数据显示，每天上班上学的人中，轨道交通的乘客占到 86%，高峰时段这一比例更是高达 91%，居全球首位（陈宪，2018）。城区地铁、城际高铁、城市轻轨和高速公路等共同构建的立体式交通体系强化了东京与各卫星城市的联结纽带，全世界最密集的轨道交通网有效支撑了东京都市圈的发展，使都市圈的产业和人口分布更加均衡、社会经济发展更加协调。东京都市圈这方面的主要做法有以下两点：一是以举办大型活动为契机，加快交通基础设施建设。比如，东京是2020年奥运会和残奥会举办地，为使主要场馆设施布局更紧凑，实施了首都圈高速晴海线、国道357号线等项目。二是加快交通工具间的连接，比如建设东京都中心与机场之间的“都心直通线”（王凯、周密，2015）。总之，东京都市圈的交通发展经验表明，轨道交通是中心城市连接周边一小时经济圈最有效最便捷的交通工具，在城市发展过程中需提前规划、补齐基础设施和公共服务的短板。

（四）多核驱动，协同发展

世界上的大都市圈通常体现为“多核心”的城镇体系结构，也即一个都市圈中可由两个以上核心城市和围绕核心城市的多个中小城市组成。东京虽说是东京都市圈的核心城市，但川崎、横滨、千叶、横须贺、埼玉等也是重要的区域经济增长极，它们不仅在产业分工方面和东京有所区分，而且是“分散型多心多核”发展模式的生动体现。“分散型多心多核”发展模式最早体现在日本政府1976年出台的《第三次首都圈建设规划》。该规划构想以“分散型网络结构”代替“一极集中”的东京。即，建设多级结构的城市复合体共同承担东京的各项职能，通过分散东京城市中枢管理功能，将政府、教育、工业及商业等不同职能向周边城市扩散，并在不同的卫星城市形成独立区域，培育都市圈核心区。之后的第四次和第五次《首都圈建设规划》进一步强化了多核驱动、协同发展的政策目标。这样的“分散型网络结构”，不仅舒缓了东京中心城区人口和产业发展的压力，同时通过产业分散进一步强化都市圈内城市之间的网络化结构和合理分工，促进了都市圈内均衡发展，增强了东京作为国际城市的竞争力，体现了日本政府在规划都市圈时将其作为一个整体纳入规划的全局观。

（五）财税引导，尊重市场

都市圈是工业化和城市化发展到一定阶段的产物，虽然科学规划有助于都市圈的形成和发展，但根本作用因素还是市场机制。东京都市圈的发展历程已表明，其产业结构的调整、资源的优化配置和人口的流动集聚都是在市场机制作用下，有序地在都市圈内中心城市与周边区域间转移。尤其是在尊重市场规律的前提下实施适宜的财税引导政策，有利于提升都市圈一体化发展的层次和水平。对此，日本政府主要采取了以下四个方面措施。一是通过国家项目对地方基础设施进行直接投资，如重点交通基础设施和港口建设等，对一些边远落后的城市和地区提供贷款支持，促进区域中心城市和小城市的开发建设。特别是通过公共投资调整和引导市场主体的行为，比如 1995 年之后将一些公共投资项目转向研发中心、光纤技术和先进的公共交通设施建设。二是通过转移支付，补贴都市地域发展项目。例如，为了引导企业向外围区域转移，政府一方面对接受这些企业的地方政府进行转移支付，另一方面对企业实施税收减免等优惠政策。三是通过政策性银行进行专项贷款和导向贷款，以此表明政府的产业政策、引导市场主体的投资方向。四是采取财政补贴等优惠措施，促进新兴产业和城市的开发。日本政府允许某些地区发行地方债券，并由国家财政补贴其利息。

（六）陆海统筹，港城一体

日本资源贫乏，原材料大多依赖进口，能够获取低成本的海洋运输条件至关重要。东京都市圈拥有东京港、横滨港、川崎港、横须贺港、木更津港、千叶港等多个重要港口，都市圈依托港口优势，通过海运带动国际贸易，充分利用了世界资源和先进技术，加上合理的专业化分工和错位竞争，促成了大规模的产业集聚与城市蔓延，为其一体化发展提供了坚实的经济支撑。可以说，优越的区位条件为东京都市圈奠定了空间结构和发展基础。日本政府高度重视港口与城市的融合发展，注重陆海统筹。早在1951年，日本政府就制定了《港湾法》，加强政府在总体规划中的权力。1967年提出的《东京湾港湾计划的基本构想》，解决了东京湾内港口竞争问题，将港口间的竞争转换成了整体合力（王宪明，2008）。1985年日本政府推出“面向21世纪的港湾政策”，提出综合性港口概念，在滨水区构建物流、工业与生活和谐发展模式。此后的1990年，日本政府推出“建立富饶魅力滨水区”政策目标，强调在通过填海建立人工岛后，以人工岛外沿区域作为港口泊位，在人工岛内部区域规划建设居住和商业空间。在对港口进行改造时，强调对旧有港口空间的再利用，目的是推进港城一体，营造宜居港湾环境（田栋、王福强，2017）。总之，以港口空间开发与优化利用推进“港产城”融合发展是东京都市圈一体化发展的一个鲜明特点。

三、经济腾飞与环境恶化：也曾误入歧途

东京都市圈有两大工业带：京滨工业地带和京叶工业地带。其中，神奈川县下辖的川崎市和横滨市位于京滨工业地带，前者以重工业、服务业和新兴产业为主，后者以服务业、制造业和信息产业为主；千叶位于京叶工业地带，其钢铁、电力、机械工业较为集中。这两大工业地带聚集了日本的钢铁、冶金、炼油、石化、汽车、电子、造船等重要产业，不仅生产量和进出口量巨大，排污也同样非同小可。但在发展的早期，日本政府和企业对环境问题并不重视，在环境方面一度付出沉重代价。比如20世纪60年代，随着河流两岸建设众多工厂，

多摩川基本上成了一条排污水道；20 世纪 80 年代之前，东京的很多废弃家电是用来填海的，在海边围一块地，将家电填进去，铺上泥土，种上树，就成了填海区（陈言，2017）。总之，该时期港口贸易和沿海制造业的扩张不仅造成严重污染，还降低了湾区对居民的吸引力。

20 世纪 80 年代，东京都市圈开始加强环境整治，生态环境有了根本好转。此后，不给环境带来任何负担、在生产过程就考虑资源再生利用和循环经济问题逐渐成为日本社会的共识。应该说，东京都市圈 20 世纪 50 年代至 70 年代末的经济腾飞与环境恶化并存，是其发展理念误入歧途的体现。日益恶化的环境使日本政府意识到问题的严重性，并采取强力措施整治，东京都市圈的环境问题得到了有效解决。

从更长的历史时期看，东京都市圈的经济发展和环境质量可能遵循“环境库兹涅茨曲线（Environmental Kuznets Curve）”[①]。按理说，环境库兹涅茨曲线揭示了随着经济进一步发展，环境问题可能会自行得到解决，但这并不意味着倒 U 形拐点会自动到来。毕竟，东京都市圈生态环境的好转更多是日本政府强力治理的结果，在环境问题上往往存在“市场失灵”。从中国的发展实践看，尽管经济增长对环境污染的影响总体上符合环境库兹涅茨曲线假说，且目前已处于倒 U 形曲线的下降部分，但不同的区域呈现出一定差异，东部地区基本处于倒 U形曲线的右侧,而中部和西部地区仍处于倒U形曲线的左侧(宋锋华，2017）。鉴于此，在长三角一体化发展过程中要注意贯彻新发展理念，政策制定上要兼顾“三省一市”的发展差异，优惠政策需适当向相对落后的安徽、苏北和浙西地区倾斜，要统筹好跨流域治理与生态补偿问题，践行“绿水青山就是金山银山”，走绿色发展道路。

---

① 1991年，Grossman和Krueger发现环境污染与经济增长之间存在着“倒U形”关系。后来，学者借用1955年库兹涅茨界定的人均收入与收入不平等之间的“倒U形”曲线，将这种环境质量与人均收入间的关系称为“环境库兹涅茨曲线（EKC）”。

四、值得注意的两个问题：人口集聚与虹吸效应

东京都市圈一体化发展给我们提供了不少成功经验，也在环境方面留下了深刻教训。本文结合我国长三角地区的发展情况，探讨人口集聚与虹吸效应这两个值得注意的问题，以更全面地理解区域一体化发展的潜在挑战。

（一）关于人口集聚

人口集聚是城市得以形成和发展的重要条件。但是当人口集聚到一定程度后，可能会出现“逆城市化”现象。伦敦和纽约等国际大都市人口规模的长期变化规律表明，大都市人口规模通常会呈现缓慢聚集期、快速聚集期和缓慢增长期的“S”形变化轨迹。这意味着一旦过了人口快速聚集期，城市中心人口扩张最终会进入缓慢增长的平台期。

表2　　东京都市圈人口变化情况　　单位：万人

地区/年份	1980	1985	1990	1995	2000	2005	2010	2015	2017
东京都	1162	1183	1186	1177	1206	1258	1316	1352	1372
埼玉县	542	586	641	676	694	705	720	727	731
千叶县	474	515	556	580	593	606	622	622	625
神奈川县	692	743	798	825	849	879	905	913	916

资料来源：根据日本总务省统计局《日本统计年鉴》相关年份数据整理。

就日本而言，日本人口规模在2008年达到1.28亿人的历史峰值后，人口总量开始减少，但东京都市圈的人口数量仍在缓慢增加（见表2），其总人口由1980年的2869万人增加到2017年的3644万人，其占日本全国人口的比重从1980年的24.52%逐步提高到了2017年的28.76%（见图2）。目前，日本国内的人口依然在往东京都市圈流动集聚，东京都市圈是日本最重要的人口集聚区，也是人口密度最

大的区域。但是也需看到，东京都市圈的人口扩张已经进入缓慢增长的平台期，其 2010 ~ 2015 年的人口规模只扩张了 1.43%，远低于 2005 ~ 2010 年 3.31% 的水平。

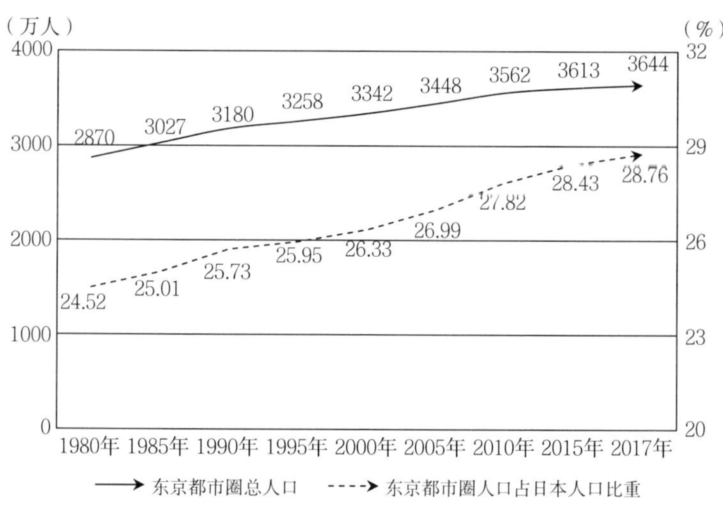

图2　东京都市圈人口演变情况

资料来源：根据日本总务省统计局《日本统计年鉴》相关年份数据测算绘制。

日本 47 个一级行政区（都道府县）的数据显示[①]，2017 年只有东京都、埼玉县、千叶县、神奈川县、福冈县、大阪府、爱知县等 7 个一级行政区属于人口净流入区（见图 3），其中，东京都、埼玉县、千叶县和神奈川县位于东京都市圈。但流入人口在东京都市圈的分布并不均衡，2017 年净流入的 11.98 万人口中，有 7.55 万人流入东京都地区，流入埼玉县、千叶县、神奈川县的人口则比较少。“一都三县”的人口密度也反映了这一状况。例如，2015 年东京都人口密度为每平方公里 6168.7 人、神奈川县每平方公里为 3777.7 人、埼玉县每平方

① 日本的地方行政区划分为“都道府县”和“市町村”两级。目前，日本全国分为47个一级行政区：1都（东京都）、1道（北海道）、2府（大阪府、京都府）、43县。“都道府县”之下再设立“市町村”。据研究，明治维新以来，日本地方自治有过三次大规模的变动，目的是通过地方自治体的合并来整合资源、优势互补、发挥规模效益、精简机构、降低行政成本、提高行政效率，从而实现跨区域治理质量的提升（白智立，2017）。

公里为 1913.4 人、千叶县每平方公里为 1206.5 人，虽然都远高于日本每平方公里 340.8 人的平均人口密度，但区域差异还是很明显。

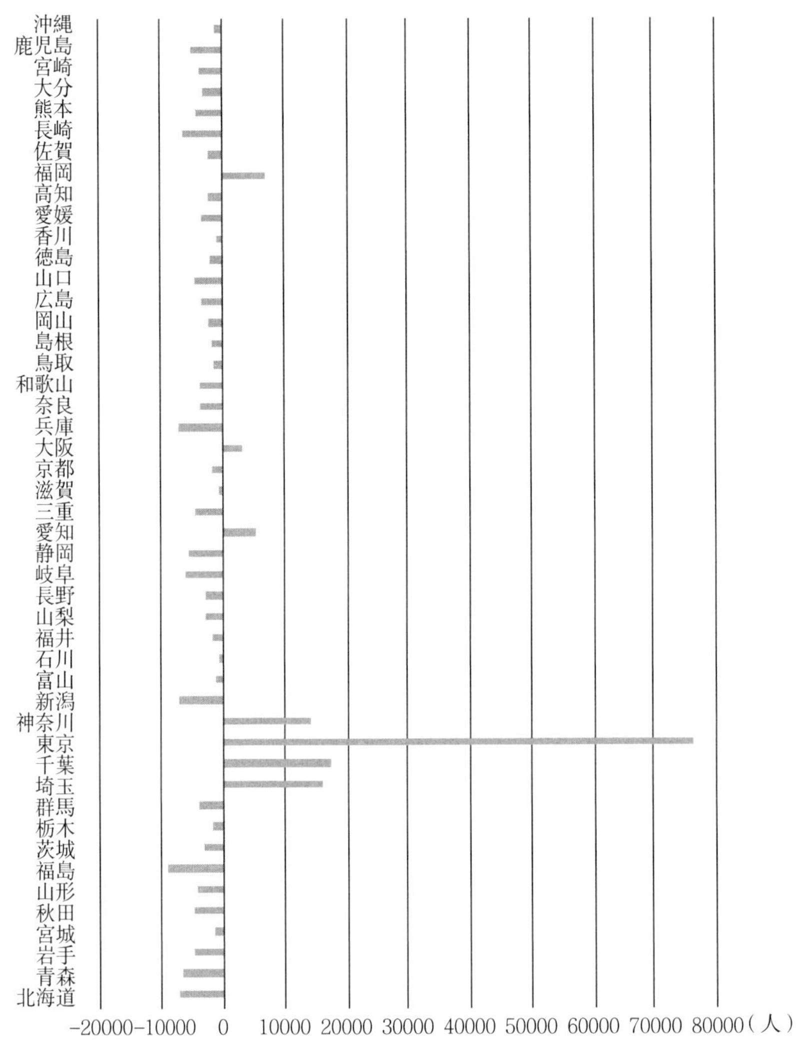

图3　2017年日本一级行政区人口流动情况

资料来源：根据日本总务省统计局《日本统计年鉴2019》数据整理绘制。图中展示的是日本47个一级行政区的人口流动数据。正数表示人口净流入，负数则意味着人口净流出。

我国长三角地区的人口集聚状况也呈现类似特征，上海、南京、杭州、苏州、宁波等主要城市的人口扩张业已进入平台期。例如，上海市常住人口数量已经由 2014 年的 2426 万人降到 2018 年的 2423 万人，人口规模有所下滑；2010 年以来，南京市、苏州市常住人口增长缓慢，2010 ~ 2018 年这两个城市的常住人口分别只增加了 43 万人和 26 万人[①]。图 4 直观展示了 2000 ~ 2018 年上海和南京常住人口的变化情况。根据贾珅（2019）的研究，2010 年以来珠三角和京津冀地区仍在集聚人口，但长三角地区的总人口相对全国人口规模趋于稳定[②]，安徽成为长三角人口增长的主要支撑，长三角内部区域间人口流动呈现围绕中心城市“分片集聚”特征。

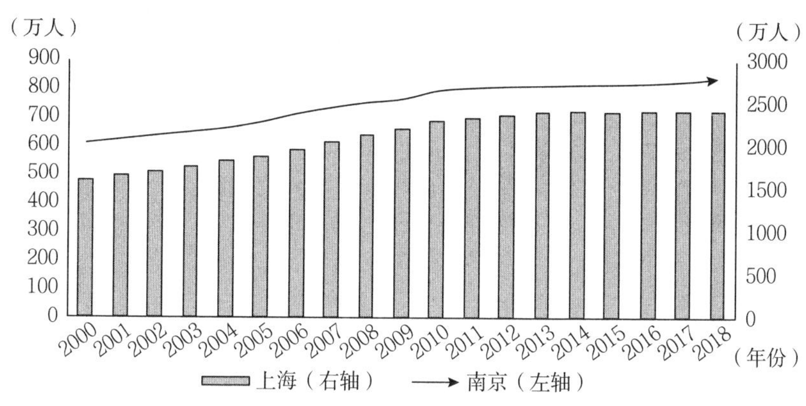

图4　2000 ~ 2018年上海、南京常住人口的演变

资料来源：根据上海、南京统计局相关年份数据整理绘制。

从全国人口流动趋势看，2014 年流动人口规模达到 2.53 亿人的峰值后，自 2015 年起，流动人口规模和比重从此前的持续上升转为缓慢下降，2018 年流动人口规模降到了 2.41 亿人，意味着中国的人口流动已进入调整期。人口流动变化的背后固然有产业结构调整、地区工资水平收敛等因素的影响，但人口结构的变化则是更深层的原因。我们的研究表明，中国人口结构在经历 1953 年到 2008 年劳动年龄人

① 南京市常住人口由2010年的800.76万人增加到2018年的843.62万人，苏州市常住人口由2010年的1045.99万人增加到2018年的1072.17万人。

② 2017年长三角“三省一市”人口占全国人口的16.08%。

口规模持续扩大、创造了大量人口红利之后，出现了少子化与老龄化并存现象，未来时期人口老龄化、少子化、劳动年龄人口下降和农村空心化问题将持续加重，人口规模也将在2023年前后开始下降（李建伟、周灵灵，2018）。

总之，城市人口规模的长期变化过程表明，尽管人口仍有继续向大城市流动集聚的趋势，但这种规模和增长率会随着人口结构的调整而不可避免地进入平台期（周灵灵，2019）。由于东京都市圈和长三角地区都是老龄化程度很高的地区，未来的产业布局和一体化发展都需要充分考虑劳动力的供给和养老问题。特别是上海、南京、杭州等长三角核心城市，其发展很大程度得益于安徽和苏北贡献的大批青壮年劳动力，但随着全国和长三角人口结构的变迁，劳动力流入的规模和增长率已越来越低。因此，需加强研判、充分借助这段相对有利的“时间窗口”，在推进长三角一体化过程中解决好户籍城镇化和养老保障的区域统筹等存量问题，加快构建普惠共享的公共服务体系，实现基本公共服务均等化，为高质量发展涵养长期动能。

（二）关于虹吸效应

东京都市圈的发展历程表明，区域间的一体化发展起主导作用的是市场机制，须遵循市场规律。与此同时，加快推动高层次组织协调机制的建立健全，改善和优化区域竞合格局，抑制虹吸效应。就中国而言，区域发展差异的客观存在、要素流动和人员往来的便利化，使得虹吸效应往往难以避免。特别是高铁这类重大基础设施建设的快速推进，一些相对落后的地区可能还没来得及做好充分准备，其人才、资金、技术等优质要素资源可能就被快速吸走。

以高铁建设为例，2019年中国高铁营业里程已达3.5万公里，占全世界高铁总里程的2/3。作为一种低污染、高性能的新型运输方式，高铁不仅对人们的生活方式带来极大影响，而且其通过缩短企业间商务谈判时间和降低信息沟通成本等方式，加快了人员、资本和技术等生产要素的流动速度，最终影响资源配置效率和全要素生产率。对此，我们用中国“四纵四横”高铁开通站点数据匹配工业企业面板数据，从微观视角考察了高铁开通对企业资源再配置的影响，发现高铁开通整体上促进了资本要素流动，优化了资本要素在企业间的配置状况，但高铁开通对企业产品市场扭曲没有显著作用。而且，高铁开通对企业资本要素配置的影响存在异质性。一是区位异质性，相较于基础设施落后的农村地区，高铁开通更加优化了基础设施相对完善的城市及其周边的企业资本要素配置；二是行业异质性，高铁开通对资本密集型行业的企业资本要素配置优化作用更强；三是所有制异质性，高铁开通对非国有企业的资本要素配置优化作用更显著（李欣泽、纪小乐、周灵灵，2017）。

这预示着在机制设计上，一方面要打破各种壁垒，加快统一市场的进程，优化要素流动和资源配置；另一方面，也要注意兼顾区域差异，抑制发达地区对后发地区人才、资金和技术等要素资源的虹吸。尤其要关注高铁这类重大基础设施，它虽提升了城市之间的可达性，但会促使落后地区的资本和劳动力更多流向大城市，小县城可能会由于经济活力的流失而变得更差，进而被“吸干”（Qin，2017）。当然，这并不是说不发展高铁等重大基础设施，毕竟高铁开通总体上能促进要素流动、优化资源配置，而是说应注意改善落后地区的基本公共服务，在产业布局上兼顾比较优势和地区差异，促进区域间的分工互补和错位发展。简言之，区域一体化发展的动力机制应该是有效市场与有为政府的有机协同。

周灵灵　执笔

参考文献

[1] 白智立. 日本广域行政的理论与实践：以东京首都圈发展为例. 日本研究，2017（1）：10 ~ 26

[2] 陈宪. 从东京都市圈看区域融合发展. 文汇报，2018-02-15

[3] 陈言. 东京湾的循环经济之路. 同舟共济，2017（11）：11 ~ 14

[4] 贾珅. 长三角地区人口格局变动带来的挑战及应对之策. 国务院发展研究中心调查研究报告，2019年第21号（总5521号）

[5] 李建伟，周灵灵. 中国人口政策与人口结构及其未来发展趋势. 经济学动态，2018（12）：17 ~ 36

[6] 李欣泽，纪小乐，周灵灵. 高铁能改善企业资源配置吗？——来自中国工业企业数据库和高铁地理数据的微观证据. 经济评论，2017（6）：3 ~ 21

[7] 刘祥敏，李胜毅. 一体化分工跨区域合作的典范——东京大都市经济圈发展的经验和启示. 天津经济，2013（12）：16 ~ 19

[8] 宋锋华. 经济增长、大气污染与环境库兹涅茨曲线. 宏观经济研究，2017（2）：89 ~ 98

[9] 田栋，王福强. 国际湾区发展比较分析与经验借鉴. 全球化，2017（11）：100 ~ 113

[10] 王凯，周密. 日本首都圈协同发展及对京津冀都市圈发展的启示. 现代日本经济，2015（1）：65 ~ 74

[11] 王宪明. 日本东京湾港口群的发展研究及启示. 国家行政学院学报，2008（1）：99 ~ 102

[12] 周灵灵. 我国人口流动的核心特质及政策启示. 开发研究，2019（4）：46 ~ 54

[13] Grossman, Gene M. & Alan B. Krueger, 1991, "Environmental Impacts of a North American Free Trade Agreement", NBER Working Papers, No. W3914

[14] Qin, Yu, 2017, "No County Left Behind? The Distributional Impact of High-speed Rail Upgrades in China", *Journal of Economic Geography*, 17: 489—520

跨区域发展与治理：欧盟经验及启示

内容摘要：欧盟是世界上跨区域一体化发展与治理的典范，产生了经济增长、社会福利整体提升、贫富差距缩小等多方面效益。其主要经验包括，建立打破行政分割的多层次治理体系，设计统筹区域发展的财税和基金工具，循序渐进推进统一市场建设，通过公共服务一体化助推区域发展一体化。同时，欧盟一体化还存在因扩大过度、深化不足导致的统筹协调与危机治理能力不足等问题。这些经验与教训对我国区域一体化发展战略与跨区域治理提供了重要启示，也表明了建立有力的区域协调与统筹机制的重要性。

关键词：区域一体化　欧盟　多层治理　长三角一体化

自 20 世纪 90 年代以来，区域一体化一直是最具活力的世界经济现象之一。中共十八大以来，党中央积极践行新发展理念，先后启动了京津冀协同发展、粤港澳大湾区、长三角一体化等重要区域发展战略。要成功落实这一系列战略部署，实现跨区域发展与治理，需要积极借鉴国际上的成功经验。从全球范围看，最成功的区域一体化发生在欧洲。在从西欧向整个欧洲扩张、从经济领域向其他领域拓展的过程中，欧盟逐渐建立起成熟的协调机制和多层次治理架构，减少了政府间的行政壁垒，最终形成了商品和生产要素自由流动的统一大市场，在协同地区政治社会发展方面也取得了诸多成就，为我国跨区域发展与治理战略提供了宝贵经验和启示。

一、欧洲一体化的经济社会影响

欧洲一体化的历史表现为“扩大”和“深化”两个方面，前者表现为成员国数量的增加和地域范围的扩大，后者表现为一体化合作领域的增加和合作程度的深入，整个过程大致可以分为四个阶段。1951 ~ 1967 年是经济一体化的起步阶段，主要进展是欧洲煤钢共同体六个成员国于 1968 年正式取消一切关税，关税同盟建成。1968 ~ 1986 年是经济一体化的深化阶段，主要进展是建立欧洲共同体与启动欧洲货币体系。1987 ~ 2003 年是一体化全面发展阶段，主要进展包括一体化领域全方位拓展、欧盟成立、申根协议生效与欧元发行。2004 年至今是欧洲一体化的深化阶段，主要进展是欧盟东扩与多数表决制适用范围的拓展，欧盟向政治联盟方向迈进。欧洲一体化给欧洲区域发展与治理带来了深刻的经济社会影响。

（一）区域经济整体性快速发展

欧洲一体化在启动之初就极大助推了成员国间及与外部的贸易增长。自 1957 年《罗马条约》签订，成员国间的贸易往来迅速增长。根据欧盟统计局（Eurostat）1958 ~ 1975 年的月度贸易统计数据报告测算，在 1958 ~ 1968 年，共同体内部贸易额平均每年以 14.4% 的速度增长。关税同盟建立后，在 1969 ~ 1973 年，共同体内部贸易额年均增长率达 19.4%。共同体对外贸易也有所增长，出口总额由 1960 年的 169.8 亿元上升到 1971 年的 445.89 亿元，年均增长 9.2%。

（二）产业的区域再集中与合作加强

克鲁格曼曾预测，欧洲单一市场的形成可能会使工业向某些发达的中心地区更加集中。从实际影响看，在单一市场建设过程中，欧盟内部虽然存在产业转移，但并未出现明显的制造业朝发达的工业中心单向转移的现象，不同产业在区域经济一体化进程中的集聚效应不同。对于纺织、皮革和食品业，随着贸易成本的下降，产业出现向中心靠拢的现象。对于金属、化学、运输设备和机械等利润较高的产业，受产品市场和要素市场共同影响，这些资本密集型产业起初多集中在欧洲中西部，但在一体化进程中，中部中心地位有所下降，外围份额则相对增加。一些原本处于外围的新产业中心开始形成。比如，由于经济一体化减少了贸易和要素流动的壁垒，爱尔兰成为区域内部跨国公司建立制造基地和产业转移的重要目的地。1992 年统一大市场建成后，爱尔兰接受的外商直接投资（FDI）占 GDP 的比重大幅提高，超出欧盟平均水平 1 倍多。仅制造业，跨国公司在爱尔兰提供的就业比重就从 1973 年的 33% 上升到了 1996 年的 47%，净产值则占整个制造业的 77%。

欧洲一体化还加强了区域内部的产业分工与合作。以 2015 年欧洲中部维谢格拉德集团（波兰、匈牙利、斯洛伐克和捷克）与德国的商品贸易为例，机械和交通运输类产品处于进出口额的前 2 位，汽车零部件和整车是主要贸易产品[①]。可见，维谢格拉德集团和德国的贸

① 数据来源：OEC：*the Observatory of Economic Complexity*, https://atlas.media.mit.edu/en/。

易联系集中于机械制造，前者是德国的原材料、产品零部件供应地和生产基地，从而形成“德国—中东欧制造业核心（German Central Eastern European Manufacturing Core，GCEMC）”。这其中大致包括两条分工明确的价值链：其一，德国出口汽车零配件与半成品到中欧四国，中欧四国根据成本优势进行整车组装加工，再将产品出口回德国市场；其二，德国出口适合中欧四国消费水平的中低端工业制成品，进口中欧四国生产的适合德国市场的中高端工业制成品。借助产业链合作，德国得以利用四国成本较低的原材料和人力资源，将产品直接从生产基地销往中东欧乃至全球，德国的投资则有效改善了四国的就业，促进了地区经济社会发展。

（三）成员国间的劳动力虹吸效应加剧

人口迁移是影响劳动年龄人口结构的主要因素之一。申根协议生效之后，劳动力跟随产业转移成为普遍现象，一定程度上改变了成员国的劳动力人口增长结构。由图1可知，2007 ~ 2016年，奥地利、瑞典、英国、比利时、法国、德国、荷兰等经济发达国家15 ~ 64岁经济活跃人口（Active Population）数量增长相对较快。与此同时，包括拉脱维亚、罗马尼亚、保加利亚、爱沙尼亚、克罗地亚、立陶宛在内的部分中东欧国家这一指标总体呈负增长态势。欧盟东扩后，经济发展程度相对较高、福利条件较好的国家，尤其是西欧国家成为劳动力主要迁入国，产业中心国家的人口虹吸效应在一体化范围扩大后更加突出。以德国为例，仅2012年共有40万名移民进入德国并永久定居，这些移民主要来自欧盟尤其是东南欧国家，如波兰、保加利亚、罗马尼亚、西班牙、葡萄牙、希腊等。在劳动力迁移的另一侧，经济发展水平较低的中东欧国家青壮年劳动力与高级人才大量流失。尽管处于加入欧盟后的七年劳动力流动限制期，罗马尼亚和保加利亚在 2007 ~ 2014 年已有超过 300 万人口生活在其他欧盟成员国中①。

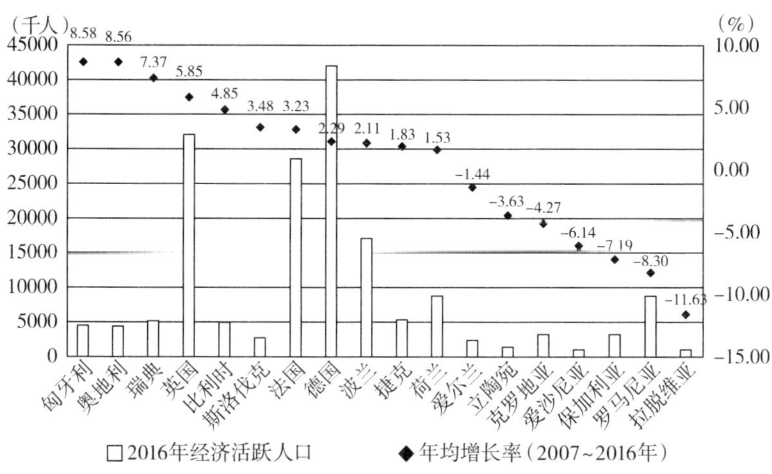

图1 部分欧盟成员国15 ~ 64岁经济活跃人口情况

数据来源：Eurostat: *Active population, aged 15-64 - annual averages*。

（四）成员国社会保障水平整体提高

欧盟条约对国家债务规模的严格要求，以及一体化后新成员国须接受以消除贸易壁垒和市场管控为导向的经济改革，一体化被认为理论上可能导致福利国家的社会保障支出规模削减。事实上，由于欧盟平均社会保障支出水平较高，一些新成员国的社会保障开支在加入后有提高的趋势，逐渐接近欧盟平均水平。以 1973 年欧共体第一次扩大为节点，新成员国丹麦、爱尔兰和英国在人均社会保障支出方面的增速略高于荷兰、德国和比利时等原欧共体成员国。欧盟东扩后，新成员国社会福利支出也呈现增长趋势，其中养老方面的增加尤为明显。由图 2 可知，这些国家在加入欧盟后，养老支出占 GDP 的比重均有增长并向欧盟平均水平靠近。

① 张杰：“欧盟解除保加利亚和罗马尼亚劳工流动限制”，人民网，2014年1月3日。

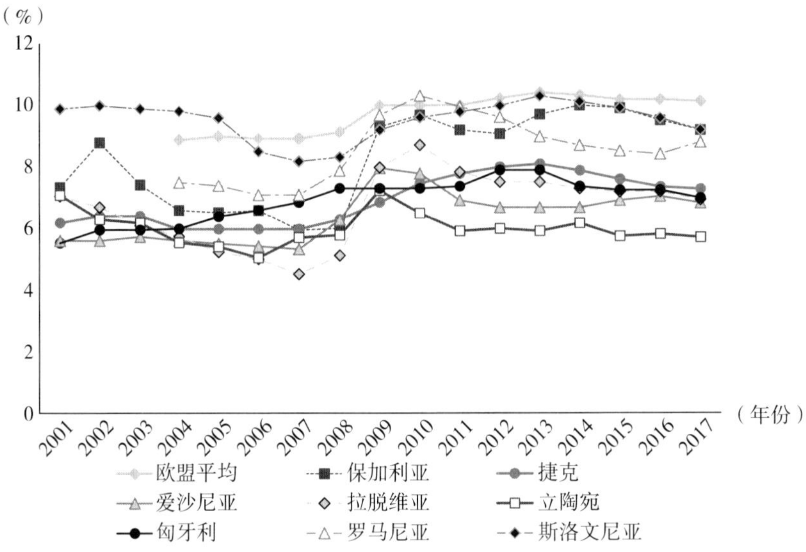

图2　部分中东欧国家2004～2017年老年社会保障支出占GDP比重

数据来源：Eurostat: *Total general government expenditure, social protection, old age, Tables by functions, aggregated benefits and grouped schemes - in % of the GDP*。

（五）成员国间及国内收入差距缩小

尽管欧盟内部仍然存在明显的区域发展不均衡现象，南欧和中东欧国家的经济水平明显落后于西欧国家，一体化过程中成员国间发展差距整体在缩小。我们以实际人均 GDP 的变异系数来反映欧盟 28 国的发展差异，随着欧盟东扩战略的顺利推进，新老成员国间的发展差距逐渐缩小，人均 GDP 变异系数整体上呈持续下降趋势，从 2002 年的 0.69 下降至 2010 年的 0.65 和 2018 年的 0.60。一体化不仅有利于减少欧盟成员国间的发展差距，也很大程度上减少了成员国尤其是东扩后的后发国家的国内贫富差距。统计数据显示（见图 3），2005～2017 年，基尼系数年均增长率为负的国家有斯洛文尼亚、罗马尼亚、芬兰、爱尔兰、英国、拉脱维亚、捷克、比利时、爱沙尼亚、克罗地亚、斯洛伐克、葡萄牙、波兰，除了芬兰、爱尔兰、英国、葡萄牙外，这些国家多是欧盟东扩后的国家，只有保加利亚（2.77%）、匈牙利（0.15%）、立陶宛（0.29%）、塞浦路斯（0.59%）、马耳他（0.36%）基尼系数是增长的，尤其是波兰、葡萄牙、斯洛伐克的年均下降率超过了1%。总体上，部分经济发展水平较高的初始成员国的确出现了国内贫富差距扩大的现象。2005～2017年，瑞典、卢森堡、丹麦、德国、奥地利、西班牙、法国、荷兰等国的基尼系数均有所增加。

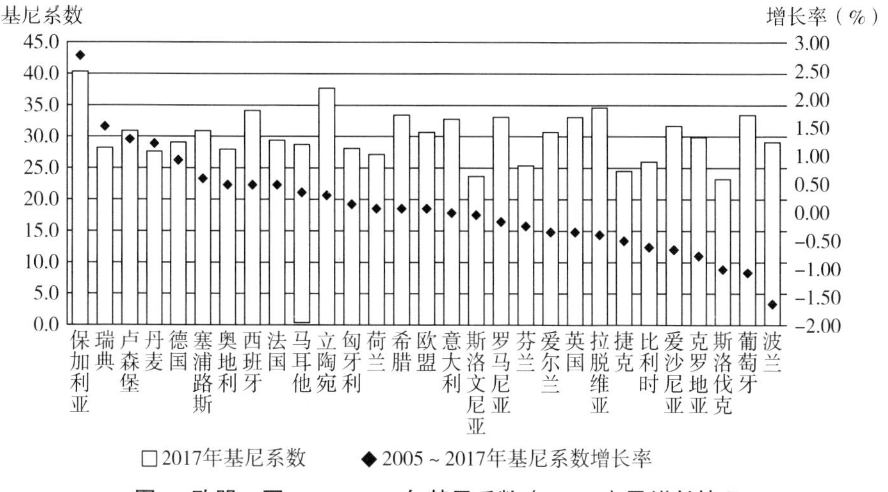

图3　欧盟28国2005～2017年基尼系数（0~100）及增长情况

数据来源：Eurostat:*Gini coefficient of equivalised disposable income - EU-SILC survey*。

二、欧洲一体化发展与治理中的主要经验

欧洲一体化之所以能够逐步实现，与欧盟“超国家”的区域协调机制、多主体多层次的治理体系、兼顾公平和效率的区域统筹发展政策、循序渐进的推进策略密切相关。

（一）建立打破行政分割的多层次区域治理体系

区域一体化的成功需要解决“跨界治理”问题，打破不同行政区

划政府各自为政的“囚徒困境”，进而建立“超政府”的合作治理体制。欧盟层面“超国家性”的组织机构设置，增强了其协调不同行政主体行动的能力。欧盟委员会、欧洲议会、欧洲法院和审计院是共同利益的代表，地位至关重要。欧盟委员会拥有立法创制权、监督权，同时负责确保各方遵守条约及实施共同体法。欧洲议会有参与决策权。欧洲法院的职能是通过解释和应用条约使共同体法律得到遵守，其做出的裁决在根本上须有利于一体化的深入。这些机构的人员产生同样体现出“超国家性”。欧盟委员会成员须由成员国共同协商任命，同时须经欧洲议会的调查和表决。欧洲法院法官同样须经成员国一致同意后方能获得委任。这些保证了两个机构的人员组成和决定能够反映成员国共同而中立的意志，因而可以在打破行政分割过程中发挥重要作用。

多层次多主体的治理体系在欧洲一体化中也发挥重要作用。多层治理表现为参与主体的多层级性和多元性，各行为体之间的关系不是等级制的，功能划分随着政策任务的不同而动态调整。多层治理体现在政策形成、执行和评估的各个阶段。以政策形成过程为例，欧洲议会和代表成员国利益的部长理事会是欧盟层面影响政策形成的主要行为体。自《马斯特里赫特条约》生效以来，咨询程序、合作程序、共同决策程序和同意程序成为欧盟四大主要立法程序。咨询和合作程序中，立法提案的最终决定权掌握在部长理事会手中；共同决策程序中，立法提案的最终决定权由部长理事会和欧洲议会行使；同意程序中，欧洲议会拥有最终决定权，可通过行使否决权制衡代表成员国特殊利益的力量。在次国家层面，地方政府、利益集团、非政府组织等能够自下而上对欧盟政策形成施加影响。其主要渠道包括：在布鲁塞尔设有办事处或代表机构，通过收集信息、游说等方式与决策者建立和保持联系；通过以独立性、亲民性和合作性为工作原则的欧盟地区委员会，让欧盟的决策能在最接近民众的层面形成，而不必屈从于成员国、地区以及地方政府意志。而在发展评价方面，欧盟已建立起一整套包含官方评价、市场反应与公民参与的治理评价体系，除了欧盟各机构与成员国、市场主体外，普通民众、非政府组织和行业专家都能够表明自己的立场和观点。

（二）设计统筹区域发展的财税和基金工具

为解决成员国独立财政带来的利益分配与发展不均衡问题，欧盟一方面借助共同体法规对成员国财政政策形成约束，另一方面通过基金等财政工具实现区域发展的适度统筹。

欧盟各成员国具有相对独立的财政体系，但是作为加入欧元区的趋同标准，须遵守基本财政约束。根据《马斯特里赫特条约》，各成员国的财政赤字占 GDP 的比重不超过 3%，政府债务占 GDP 的比重不超过 60%。《稳定与增长公约》进一步确定了财政政策协调的规则和过度财政赤字的惩罚措施，同时建立监督成员国财政运行状况的预警机制。这有助于成员国贯彻统一的财政纪律，进而预防风险。欧盟层面的财政预算主要致力于区域发展的适度统筹。约 75% 的欧盟收入来自成员国按国民收入比例交纳的会费，约 14% 来自成员国的增值税，其他还有关税和农产品进口差价税等。欧盟特别注重控制机构运行的财政支出，在欧盟 2014 ~ 2020 财政框架（Multiannual Financial Framework for the Years 2014 ~ 2020）中，总预算中仅 6% ~ 7% 用于维持机构运转，其余 94% 通过各种发展基金类政策工具返还成员国，在基本体现成员国共同意志前提下进行再分配，发挥保护地区农业生产、缩小发展差距和解决失业问题的作用。

基金工具应欧洲一体化需要出现，是区域统筹发展的重要政策工具。1975 年，鉴于英国、爱尔兰和丹麦加入后初步显现的地区发展不平衡问题，欧共体正式成立欧洲地区发展基金（ERDF），支持落后地区产业发展和基础设施建设。地区发展基金的使用方式包括：以拨款或者低息贷款形式对落后地区产业进行投资，并给予税收减免；将公共支出用于落后地区的道路、港口和住房等项目；对落后地区的企业提供可降低生产成本的补贴，鼓励劳动密集型企业发展；控制新企业成立地点，尽可能在落后地区设立企业。此外，欧共体还有结构基金（Structural Fund）、欧洲社会基金（ESF）等。1988 年，欧共体将欧洲地区发展基金、欧洲社会基金、欧洲农业指导与保证基金中的指导部分（简称 EAGGF）、欧洲渔业指导金融工具（简称 FIFG）一同纳入结构基金框架下，结构基金的主要对象是人均国内生产总值低于共同体平均水平 75% 的地区，如葡萄牙、爱尔兰、希腊、西班牙、意大利部分地区及法国的海外领地。1994 年，欧盟成立凝聚基金（Cohesion Fund），用于资助人均国民生产总值低于欧盟平均水平 90% 的成员国，帮助其发展交通基础设施和环境保护设施，缩小与先进地区的差距，并逐步达到建立经济与货币同盟所要求的预算赤字和国债标准，以加强欧盟在经济上的凝聚力和政策协调。

总体上，财政基金在促进欧盟落后地区发展方面确实发挥了重要作用。1989 ~ 1993 年，结构基金的投入在希腊、葡萄牙、西班牙和爱尔兰的固定资本中占比 8%，帮助四国的人均收入从 1986 年欧共体平均水平的 2/3 增加至 1996 年的 3/4。结构基金的政治社会效益也非常显著。以希腊为例，1992 ~ 2001 年，希腊执行了结构基金资助的 TAXIS 项目，项目通过改良硬件设施、为政府雇员提供技术和职业培训等方式，帮助政府更充分掌握基本经济数据，更有效打击偷税漏税行为，便捷与其他成员国和欧盟的信息交换，推动了希腊税收体制的变革，缩小了希腊在行政管理方面与欧盟先进地区的差距。

（三）渐进打造要素自由流动的统一大市场

统一大市场的构建是欧洲一体化的重要目标。1968 年，欧共体完成了关税同盟的建设，但成员国间基础设施互联互通程度不够，法律、技术标准差异未消除，公共服务体系与水平不统一，内部市场实际上仍处于分割状态。20 世纪 70 年代由经济危机造成的发展停滞，与美日经济实力对比中的劣势地位，促使欧共体在 20 世纪 80 年代加快真正的统一大市场建设步伐。应看到，整个欧盟市场一体化是循序渐进、稳妥推进的。

一是开展统一大市场建设的统一规划。1985 年，欧共体委员会提出《关于完善内部市场的白皮书》，确定了在 1992 年建成统一大市场的目标，同时明确了大市场建设过程中的三个主要障碍：物质（有形）障碍，即各国边境上的海关、商品过境的手续和对旅行者的管理措施等；技术障碍，主要指代各成员国不同的技术标准、法律规定和政策；税收障碍，即成员国之间不同的税收规则。为解决这些障碍，白皮书列出了近 300 项具体措施，并由共同体委员会逐项拟定具体的实施报告，最后递交代表各成员国利益的部长理事会讨论通过。拟定基本“路线图”后，欧共体和成员国将委员会提出的方案通过立法逐项落实，其中重要的举措包括统一商品标准、消除技术性贸易障碍和协调税制等。1990 年，欧共体内部实现了资金自由流通，共同体居民可以在任一成员国银行中筹措资金。到 1992 年，近 300 项措施中已有 219 项通过，193 项正式付诸实践；到 1996 年，欧盟成员国将统一大市场立法转化为国内法的平均比例已达 92.9%，统一大市场的巩固和完善工作基本完成。

二是打造互联互通的基础设施网络。基础设施互联互通是市场一体化的基本前提，欧盟主要通过制定共同交通运输政策、制订和实施基础设施网络计划来推进。1991 年的《马斯特里赫特条约》曾提出建立覆盖交通运输、能源和电子通信三大领域的“跨欧洲网络体系（Trans-European Networks, TENs）”计划。1995 年，欧盟发布“共同交通运输政策：1995 ~ 2000 年行动计划”，对共同交通运输优先发展的政策领域做出规定，协调成员国对交通运输部门的资助，协同工程技术标准的制定和实施，加强交通运输安全控制等。进入 21 世纪后，欧盟东扩给交通运输政策的协调带来挑战，欧盟于 2001 年发布了《面向 2010 年的欧盟交通运输政策：时不我待》（European transport policy for 2010: time to decide）的白皮书，修订了“跨欧洲网络体系”的指导原则，以适应范围扩大后的交通运输协调需要。2004 年，“跨欧洲网络体系”计划进一步得到修订，包括建设覆盖整个区域的全面网络，以及连接公路、铁路、河运、海运关键节点，形成核心网络。为更好实施该规划，欧盟委员会于 2006 年成立了“全欧交通网络执行机构（Trans-European Transport Network Executive Agency）”，负责项目的技术与财政管理。此外，欧盟还积极建设“伽利略”欧洲卫星导航系统和统一的欧洲铁路管理系统（ERTMS）。

三是依托专业社会组织推动标准的统一。标准统一是一体化的技术基础。出于建设统一大市场的需要，欧共体自 20 世纪 70 年代末开始加强与欧洲电工标准化委员会（CENELEC）、欧洲电信标准学会（ETSI）、欧洲标准化委员会（CEN）三大标准化组织的密切合作，并于 1984 年通过了与 CEN 和 CENELEC 的《合作总则》，并在 1988 年给予 ETSI 相同的合作地位。欧洲议会与欧盟理事会于 1998 年发布了 98/34/EC 号指令，为标准化组织提供更多信息支持，2006 年发布为欧洲标准化组织提供财政 / 经济支持的第 1673/2006/EC 号决定。为适应新的发展要求，欧盟又在 2012 年制定 1025/2012 法规，将立法标准扩展到服务标准领域，在加强与欧洲三大标准化组织（CEN、CENELEC、ETSI）之间合作的同时，也积极推动中小企业（SMEs）及环保组织等社会团体参与欧洲标准化工作。具体合作过程中，欧盟委员会首先根据制定标准的要求起草正式委托书，三大标准化组织在仔细考虑要求之后，组织专家起草标准，或重新研究标准制定的需求。标准起草完成之后，欧盟启动公共咨询和投票程序决定是否进行批准和公布。三大标准化组织的工作得到欧盟高度认可。以 CENELEC 为例，截至 2018 年，由其制定的欧洲标准已达 7085 件[①]。

四是逐步推进旅行自由与劳动力自由流动。早在 1985 年，德国、法国、荷兰、比利时和卢森堡就签订了关于取消共同边界检查、实现旅行自由、开展警务与司法合作互助的《申根协定》，迈出了实现人员和商品的自由流动的第一步。但直到 20 世纪 90 年代末，随着成员国间警察、海关和司法合作的深化，以及更多欧洲国家加入，协定才真正发挥作用，人员自由流动得以基本实现。2002 年，欧盟委员会发布“劳动力和技能流动行动计划（Commission′s Action Plan for Skills and Mobility）”，提出了一系列促进劳动力流动的政策措施。在劳动就业方面，提出统一各国职业分类，为劳动者提供学习培训、职位需求、能力认证等一站式就业信息平台，在各教育阶段强化外语技能的教育与培训。欧盟自 2008 年开始建立统一的欧洲资格认证框架，使各国的学历学位教育和职业资格可以相互认证和转化。在科教领域，连续

---

① CENELEC：*CENELEC facts and figures*，https://www.cenelec.eu/aboutcenelec/whatwedo/factsandfigures/index.html.

推出欧盟研发框架计划，嵌入促进研究人员短期或长期跨国交流和培训项目，并提供资金支持。在社会福利体系方面，提出简化社保手续、推行电子医保卡、增强养老金便携性、禁止对他国劳动力的歧视。在社会政策创制方面，提出进一步增强欧盟在推动社会政策一体化上的表决权，从而推动社会保障体系的一体化。

（四）通过公共服务一体化助推区域发展与治理一体化

随着经济一体化的深入，公共服务一体化成为欧盟不可回避的议题。对此，欧盟在统一立法与规划、政策协调、基金工具、信息共享等多个层面进行了努力。

一是建立基于欧盟公民身份的法律权利清单。1991 年，《马斯特里赫特条约》最早明确了“欧盟公民”的法律概念，同时制定了与之相关的保护成员国公民权利和利益的统一规定，如欧盟公民享有自由迁徙和居住的权利，有选举权和被选举权，在共同体范围外活动时有权得到欧盟及任一成员国的外交保护和服务。2009 年，《欧盟基本权利宪章》生效，形成了“欧盟公民身份权利”目录清单框架，包含尊严、自由、平等、团结、公民权和公正六大维度，每个维度都列出了对应的权利事项及详细解释。例如，“尊严”维度包括人格尊严权、生命权、人身完整权、禁止酷刑与不人道或羞辱性待遇或处罚、禁止奴役和强制劳动等事项及其具体说明。推行欧盟公民理念和权利是公共服务一体化的重要价值基础。

二是通过统一规划加强成员国社会政策的协同。欧盟曾于 1973 年、1989 年和 1993 年共发起三次社会行动计划（The Social Action Program, SAP），就共同体内促进就业和劳工权利保障提出共同目标，主要涉及获得更好的就业、生活与工作条件的改善、劳工参与管理与决策等内容。在教育方面，2017 年欧盟委员会提出了“欧洲教育区（European Education Area）”总体计划，拟到 2025 年打破教育职能由各国负责的现状，使成员国采用更加统一的教育体系。这一计划的具体目标包括实现中小学和大学毕业文凭的互认、教学计划方面的合作，提高计算机和语言知识以及促进终身学习等。

三是依托欧洲社会基金解决重要难题。1971 年，欧共体对欧洲社会基金进行改革，将其职能分为解决现存失业问题和解决年轻人职业教育问题两部分。1992 年爱丁堡欧洲首脑会议进一步明确欧洲社会基金的任务是：解决持续的失业问题，为年轻人提供工作机会，消除人们被劳动力市场排斥的风险，使工人适应产业结构的转型和生产制度的发展。会议同时决定大幅提高基金的总体规模，使其达到470亿欧元。目前，欧洲社会基金的职责未出现大的调整，整体资金规模有所增长，2014 ~ 2020 年周期的计划投入数额达到 800 亿欧元[①]。

四是建立权益转移对接机制。欧盟基于《巴黎条约》《罗马条约》《欧洲联盟运行条约》等总体性法规确定了权益转移对接原则。相关专门法律条例对社会保障等具体领域的原则做出了规定。例如，在医疗保险方面，欧盟医疗保险参保原则包括：第一，唯一国原则，公民在一段时间内只能参加一个国家所提供的医疗保险；第二，就业国参保原则，异国就业者就业两年及以上的在就业所在国参保；第三，年限累计原则，就业者跨国就业时，流入国要准确录入其原就业国参保年限，并按照相应法律法规进行累加；第四，国民待遇原则，要求凡欧盟公民无论在哪国参加社保，其社保待遇与该成员国公民享受的待遇水平一致。这些确保了欧盟公民在跨国就业后医保权益不会受到过多损失。

---

① European Commission：*Employment, Social Affairs & Inclusion*：*European Social Fund* (*ESF*)，https://ec.europa.eu/social/main.jsp?langId=en&catId=325.

五是建立助推公共服务一体化的标准化管理及信息传递机制。在医保领域，欧盟建立了完善的欧洲医疗保险体系网络，统一要求成员国使用E表格和EHIC卡就医。E表格包含社保记录、待遇证明、信息获取请求、社保接续等信息。EHIC卡是保障欧盟公民就医权益的凭证，每一成员享有平等社保待遇，跨国就医者所享有的医疗服务要与当地居民对等。产生的费用可以即时缴费且回医保参保国也给予报销。

三、欧洲一体化发展与治理的两点教训

欧洲一体化在促进经济发展和缩小地区差异等方面取得了诸多成功，但也因扩大过度与深化不足，导致区域差异过大、危机应对能力不足等问题。

（一）扩大过度导致一体化范围超出机构协调能力

欧洲一体化进程中，欧盟一直努力协调各成员国利益，弥合各国文化与发展水平差异，但随着一体化范围不断扩大，区域差异始终是关键问题，在2004年的东扩和债务危机爆发后甚至有恶化趋势。

区域差异首先体现在经济发展水平上。按人均GDP平均水平看，欧盟形成了中心和边缘发展差异巨大、东西和南北差距共存的局面，提高了解决问题的难度。中心区域是经济发展水平较高的国家，如北欧国家英、法、德等大国以及荷、比、卢、奥等西欧中小国家。边缘国家主要是人均GDP水平落后于发达区域的国家，如新加入的中东欧国家，以及希腊、葡萄牙等南欧国家。以西欧为中心的欧盟产业布局、

西欧对东欧的高投资率均强化了中东欧对西欧资本的依赖，但技术转移过程相对缓慢，这加大了东西欧间产业发展水平的差距，致使东西差距难以缩小。

区域差异还体现在政治立场和观念差异上。中东欧国家的加入加剧了欧盟内原本存在的政府间主义和超国家主义分歧。超国家主义是长期推动欧洲一体化的主导思潮，但新加入的中东欧国家大多持政府间主义观点，希望维持自身国家和民族利益、传统和文化多样性，在将国家主权让渡给欧盟机构这一问题上较为谨慎。观念差异造成欧盟内部政治凝聚力下降，在如科索沃独立、叙利亚危机等关键问题的应对上容易出现立场分化。在难民问题上，欧盟成员国间分歧也很大。有报告指出，成员国对欧盟的难民分摊安置计划态度消极，致使计划落实缓慢[①]。此后，维谢格拉德集团更是公开表示不支持欧盟强制分摊难民、把接收难民数量与获得欧盟基金挂钩的政策[②]。

整体上，区域差异问题随着欧洲一体化边界的扩张而日益凸显，区域经济发展水平和观念差异过大造成的利益协调困境似乎超出了现阶段欧盟的治理能力。对此，欧盟于 2017 年初发布英国“脱欧”后欧盟未来发展构想的白皮书，提出推进一体化的五条道路，其中就包括“多速欧洲”方案，即成员国将不再按照同一速度进行融合发展，不过这一方案并未获得中东欧新成员国支持[③]。由此可见，如何缓解扩大过程中的区域差异问题仍然是欧洲未来一体化发展不可回避的挑战，也启示我们要更加关注区域一体化过程中的治理能力和限度问题。

---

① 赵小娜：“欧盟报告显示难民分摊安置计划进展缓慢”，新华网，2016年9月29日。
② 郭倩：“如何应对欧盟难民政策 匈牙利‘问政’于民”，新华网，2017年4月2日。
③ 郑江华：“多速欧洲：老话题的新内涵”，新华网，2017年3月9日。

（二）深化不足导致经济社会危机应对能力欠缺

欧洲一体化同时是成员国不断让渡主权、深化合作、欧盟权能不断增加的过程，然而，现阶段欧盟还面临着一体化深度不足带来的权能分裂问题。虽然欧盟获得的权能涉及经济、社会、内政、司法乃至外交各个领域，但部分核心权力与能力仍掌握在成员国手中。比如，建设单一市场、共同货币缺乏与之匹配的共同财税与经济政策，申根协定对人员自由流动的要求与成员国主权和边界限制之间的矛盾仍然突出，这些使得欧盟在应对难民危机、欧债危机等重大危机时显得非常乏力。

以财政政策为例，虽然《马斯特里赫特条约》和《稳定与增长公约》均规定欧盟成员国财政赤字与公共债务不得超过 GDP 的一定比重，但其作用仅限于纪律约束和政策协调层面，未能达到迫使成员国严格执行的共同政策程度。因此，成员国违约情况屡见不鲜，希腊、意大利等国公共债务占 GDP 比重甚至长年超过 100%，客观上为欧债危机的爆发埋下了伏笔。当危机爆发时，欧盟层面也缺乏统一的财政政策和危机应对措施，除了条约规定“不救助原则”[①]的制度性约束外，欧盟有限的预算资源也难有作为。最终，“政府间方式”成为应对危机事实上的主导方式，危机解决方案需要成员国达成高度共识。由于观念限制、国家利益需要及国内政治压力，成员国难以很快形成一致意见，危机不断加剧。

难民危机同样暴露了欧盟的制度性缺陷。市场一体化尤其是申根区人员自由流动的要求使移民问题具有超越国家主权和边界的欧洲特性，需要欧盟层面的协调和应对。与此同时，难民问题日益与国内安

① 非救助条款规定欧元区各成员国政府必须独立对其所发行债务承担责任，严格禁止欧盟或者任何欧元区成员国政府承担另一个欧元区成员国所发行的债务，其目的在于避免道德风险，督促欧元区成员国遵守财政纪律。

全风险以及民族身份认同相联系，各国政府在解决问题时必然面对强大的国内民众压力，尤其是来自民族主义情绪的排外压力，成员国基于主权安全和国家稳定需要，可能采取不妥协立场，导致欧盟在难民危机上的应对举措失效。

欧盟危机解决能力的缺失既来自制度设计本身，也来自制度确立的方式。欧洲一体化本质上是不同主权国家通过自愿让渡主权形成合作，一体化的深化需要各国之间的相互信任和利益妥协，因而，欧盟获得权能的过程必然经历漫长的讨价还价环节，也难以完全获得一些关键权力，导致制度缺陷难以解决。对我国区域一体化战略而言，由于不存在主权让渡的问题，制度设计难度相对较低，但仍应合理划分一体化管理机构和地方政府的权限范围，注意不同制度的配套，减少权能分割带来的问题。

四、欧洲一体化对我国区域一体化发展与治理的启示

基于对欧洲一体化过程的梳理、经济社会影响的分析和经验教训的总结，结合我国区域一体化战略的发展情况，我们提出如下跨区域发展与治理的建议。

（一）完善支持区域一体化的法律法规体系

在欧洲一体化进程中，条约和法规发挥了巩固一体化成果、约束成员国行为等重要作用。我国区域一体化战略同样需要构建坚实的法律法规基础。一方面，国家层面应形成引导和规范区域一体化和经济合作的法律规范；另一方面，地方层面应形成促进一体化的具体法律规章。特别是，地区层面应在电信、电力、产品质量、公共服务、社

会治理标准方面进行统一或者协同立法，地区一体化管理机构应鼓励行业组织发展和参与标准制定、异地支付结算。

（二）构建统一领导、多层次、多主体的协同治理体系

欧盟经验表明，不同行政主体间的合作需要构建一个“特殊体制”或“特殊机构”，从而模糊地理上的界限和打破传统行政壁垒。这个机构可能是一体化参与者之间形成的自组织，其权力来自合作伙伴自愿出让的权力，主要功能是协调而非统治或控制。与此同时，这个机构需要具有一定的约束和规范权力，具有价值中立的“超国家性”，不偏袒参与合作的任何一方。欧洲一体化在治理方式上的创新还体现在初步构建了欧盟、成员国、地方政府、民间等多层面多主体的治理体系，将治理理念贯穿于决策、执行、监督和评价全过程。这套治理体系超越了传统一体化进程中单一强势政府主导、政府间合作的管理框架，成功调动了包括欧盟官员、成员国首脑、部长和地方政府官员、利益集团和民间团体在内的多元主体参与的积极性，形成了多维互动的治理格局。

我国区域一体化战略可借鉴这一经验，构建一个由中央政府主导的区域一体化领导机构，如由中共中央、国务院统一领导，人员设置上应充分代表不同地区利益。该机构的主要职责是：执行中央对地区一体化发展的部署，提出区域经济发展与区域关系协调的政策建议并报请中央与立法机构审批，组织制定具有区域约束力的政策法规和标准，具体执行经立法程序通过的政策、规划与其他规则，负责区域政策网格划分、总体性和专项性一体化规划，组织协调条线资源、不同地区利益主体关系并约束地方政府行为，设立统一管理的区域发展基金，具体组织实施区域性重大项目，组织研究重大区域问题，监督、

协调和评估区域一体化政策任务的推进情况等。在此基础上，构建一套多层次的区域合作协调机制，在不同领域促进不同主体间的谈判和协商，特别是引入专业性组织在决策资政、标准制定、公共服务供给、异地结算、矛盾调解、信息交流中发挥作用，解决区域一体化过程中的具体矛盾和问题，从而打破政府区划分隔，避免“自上而下”的单一行政推进，加强政府与民间合作，促进区域一体化的治理体系创新。

（三）积极使用具有统筹功能的政策性财政与基金工具

一体化进程中，欧盟十分注重财税政策与基金工具的运用。在财税方面，欧盟基于会费得以形成统一的财政收入，并通过基金工具用于地区统筹发展。在基金方面，通过建立欧盟结构基金、凝聚基金和入盟准备基金，欧盟得以缩小地区发展差距，通过欧洲社会基金，欧盟得以致力于社会保障体系建设，通过欧洲农业指导与保证基金和欧洲渔业指导金融工具，欧盟可以实现对相关产业的保护，这些工具有效缓解了欧洲一体化过程中遇到的各种困难。

我国的区域一体化战略可借鉴欧盟的财政与基金工具经验，由国家财政与地方财政划拨专款建立区域发展基金，同时建立起针对各种问题的地区发展子基金，对于人均 GDP 低于平均水平 90%、75% 等发展欠充分区块提供资金和项目帮助，形成完善的基金体系，为缩小地区发展差距、形成统一市场、保障公共服务提供稳定的资金来源。在肯定基金政策工具带来的积极影响的同时，也要看到其在实际操作过程中的问题。比如，欧债危机导致部分成员国政府财政困难，难以拿出配套资金援助项目建设；结构基金本身的运作方式也被认为缺乏灵活性；欧盟与受援国政府间缺乏协作；对欺诈行为和资源不合理利用的监督和惩罚不足等。这些问题都影响了结构基金工具的利用效率，提醒我们在运用基金政策工具时应解决基金的来源问题和实际项目运作中的资源管理问题。

（四）依托大数据技术形成统一而精细化的政策网格

欧盟区域政策的成功离不开科学规划，其中一项重要举措是精准划定需要政策扶持的“问题区域”。欧盟建立了专门的标准地区统计单元目录（Nomenclature of Territorial Units for Statistics，NUTS），主要目的是为欧盟提供统一的地域单元划分，以提高政策实施的精确度及促进区域管理的科学化。NUTS 为三级分类体系，首先将每个成员国划分为若干个 NUTS1 区域，而每个 NUTS1 区域又被划分为若干个 NUTS2 区域；其次再将每个 NUTS2 区域划分为若干个 NUTS3 区域。根据这一划分，欧盟目前共有 104 个 NUTS1 区域、281 个 NUTS2 区域和 1348 个 NUTS3 区域[①]。而主要区域政策和成效评估基本是在 NUTS2 层次上进行的。这既避免了区域政策的实施对象范围过大、政策效果不明显的问题，也避免了因实施对象范围过小而无法实现以点带面的问题。

我国可以吸收欧盟经验，制定区域一体化规划时可依据一定的统计经济指标（如人均 GDP 和失业率），结合卫星遥感、移动通信等网格化大数据，而不仅是依靠行政区划来划分区域单元。这样有助于找出特定的“问题区域”，厘清不同区域的发展现状和共同问题，进而更有针对性地制定区域发展规划与精细化的区域政策。

---

① Eurostat：*NUTS - Nomenclature of territorial units for statistics Background*，https://ec.europa.eu/eurostat/web/nuts/background.

（五）打通公共服务领域阻碍劳动力自由流动的关键堵点

在欧盟一体化过程中，公共服务一体化具有双重作用：一是促进劳动力的自由流动，建设统一的区域市场；二是提升一体化带来的公民获得感，形成欧盟公民的价值认同。为此，欧盟从基本法律、信息共享、同等保障、技能提升等方面进行了政策与行动协同，取得了较好的成效。

具体到我国，鉴于公共服务一体化深受财政分灶吃饭与户籍制度的影响，应明确公共服务一体化的主要目标是服务于区域经济一体化、便利区域居民的日常生活，而主要任务是疏通阻碍劳动力与人才自由流动的关键环节。可以借鉴的举措有：建立大致统一的地区性公共服务基本项目清单与标准指南，成立公共服务领域的一体化协调机构，共建共享公共服务一体化发展基金，建立区域统一的劳动就业信息服务平台，推动学历和专业资格互认和转化，推动社会保障一卡通，增强社会保险的便携可续性，全面推广异地就医和费用报销即时结算。

（六）及早谋划区域内发展差距拉大问题的政策应对

欧盟一体化显著改善了成员国间及后发国家内部的贫富差距问题，但随着范围的扩大与程度的加深，欧盟不同地区间及部分先发国家内部贫富差距拉大的问题凸显，成为影响一体化进程深入推进的重要障碍，甚至对区域一体化的发展理念构成挑战，造成内部价值分歧，值得高度重视。

我国当前长三角、粤港澳、京津冀等区域一体化战略推进时间尚短，应看到欧盟的教训，及早谋划地区发展差异拉大带来的问题。应加强一体化发展机构的统筹区域发展作用，积极探索财税、基金和社保统筹机制，发挥这些政策工具在平衡区域发展差距中的作用，推动区域内的先富带后富与互助共济。确立循序渐进、分领域、分阶段推进的总体思路，探索区域内不同领域与不同网格单位按照不同速度推进一体化发展的实践。充分做好有关区域一体化政策尤其是涉及财税、公共服务领域政策的舆情民情收集工作，推进参与式、民主式决策，通过科学决策与重大决策听证制度化解社会矛盾。建立违反约束的惩戒机制，明确区域一体化发展的内部纪律。

王伟进　陈　勇　执笔

参考文献

[1] Eurostat：Monthly External Trade Bulletin：1958-1975, 1976

[2] Krugman.P., Increasing Returns and Economic Geography, Journal of Political Economy, 1991

[3][4] 丁一兵.《欧盟区域政策与欧洲产业结构变迁》. 长春：吉林大学出版社，2008

[5][8] 马骏驰. 德国与维谢格拉德国家的经贸、投资关系探究——对中国与中东欧合作的启示. 欧亚经济，2015（6）

[6] Pepe.J.M., Germany and China's Inroads in the "German Central Eastern European Manufacturing Core"：Geopolitical Chances and Risks for Europe, Paper presented at the ISA International Conference, 2017

[7] 崔宏伟. "一带一路"倡议与容克投资计划对接前景探析. 德国研究，2016（1）

[9] Beckfield.J., European integration and income inequality, American Sociological Review, 2006

[10] Eurostat: Rapid Reports: Population and Social Conditions, June 1989

[11] Beckfield.J., Remapping inequality in Europe: The net effect of regional integration on total income inequality in the European Union，International Journal of Comparative Sociology, 2009

[12][37][38] 卓凯，殷存毅. 区域合作的制度基础：跨界治理理论与欧盟经验. 财经研究，2007（1）

[13] 贝娅特·科勒·科赫等. 欧洲一体化与欧盟治理. 北京：中国社会科学出版社，2004

[14] 王再文，李刚. 区域合作的协调机制：多层治理理论与欧盟经验. 当代经济管理，2009（9）

[15] 刘文秀，汪曙申. 欧洲联盟多层治理的理论与实践. 中国人民大学学报，2005（4）

[16][39] 喻锋，孙卓炘. 区域治理如何成为可能:以欧盟聚合政策(2007-2013年)评价为例. 经济社会

体制比较，2014（3）

[17][24][25] 杨逢珉，张永安编. 欧洲联盟经济学. 上海：华东理工大学出版社，2008

[18][20][21][22][26][27] 张荐华. 欧洲一体化与欧盟的经济社会政策.昆明：云南人民出版社，2011

[19][40][41][43] 张可云. 欧盟区域政策的制度基础与中国区域政策未来方向. 湖湘论坛，2010（3）

[23] 张浚. 结构基金及欧盟层面的市场干预——兼论欧盟的多层治理和欧洲化进程. 欧洲研究，2011（6）

[28] European Commission：Commission's Action Plan for skills and mobility，February, 2002

[29] 唐亚林，刘伟. SGI框架下欧盟公共服务一体化的价值基础建构及其推进策略. 中国行政管理，2017（2）

[30] 孔鑫鑫，梁立中. 欧盟社会保障开放性协调的经验及启示. 品牌研究，2018（5）

[31][32][33] 刘作奎. "深化"还是"扩大"——东扩十年欧洲一体化走向分析(2004—2014年). 欧洲研究，2014（4）

[34][36] 金玲. 欧洲一体化困境及其路径重塑. 国际问题研究，2017（3）

[35] 崔文芳，马宇. 欧洲主权债务危机的特点与成因. 长春金融高等专科学校学报，2011（1）

[42] 孙小丽，徐静. 欧盟结构基金的发展和运作模式探析及对中国的启示. 生产力研究，2012（9）